HISTOIRE DE CHARS

(SEINE-ET-OISE)

VERSAILLES. — IMPRIMERIE DE E. AUBERT

6, Avenue de Sceaux, 6

Tanouy Sc.

E. Bonnejoy Del.

Imp. Ch. Delâtre, Rue S.t Jacques, 303 Paris.

CHARS

(SEINE-ET-OISE)

SON HISTOIRE, SES HAUTS BARONS, SON VIEUX CHATEAU
SON HOTEL-DIEU, SON ÉGLISE
LA PIERRE-QUI-TOURNE, BERCAGNY, ETC.

PAR

M. LE Dʳ BONNEJOY

Membre de la Société d'hydrologie
Et de plusieurs autres sociétés savantes,
Correspondant de la Société des Sciences et Belles-Lettres de Seine-et-Oise,
Ancien médecin des eaux de Forges, d'Enzet, etc., etc.
Et Propriétaire à Chars.

Avec une eau-forte de l'Auteur.

—⧜—

PARIS

J.-B. DUMOULIN, LIBRAIRE

DE LA SOCIÉTÉ NATIONALE DES ANTIQUAIRES DE FRANCE

13, Quai des Grands-Augustins, 13

1873

AVANT-PROPOS

———

Le présent ouvrage est le fruit des loisirs forcés qui me furent imposés dans l'hiver de 1870 à 1871. Privé de toutes communications avec le dehors, je me mis à parcourir les archives de la commune, où je trouvai tant de documents, que l'idée me vint d'en écrire l'histoire. Puis je pris goût à mon travail, et, après le départ de l'ennemi, je rassemblai tous les renseignements que je pus trouver.

Le Vexin, dont Chars fait partie, n'a pas d'historien. Au siècle dernier, un magistrat, le président Lévrier, réunit des matériaux pour une histoire du Vexin et du Pinserais, pays situé en face de Mantes et de Meulan, de l'autre côté de la Seine. On lança même des prospectus fort alléchants. Il en existe encore un à la Bibliothèque Nationale, à Paris. On promettait monts et merveilles ; deux ou trois volumes in-folio, avec chartes, documents, sceaux, généalogies, etc., en un mot, une histoire complète de toutes les ocalités du Vexin ; mais l'auteur mourut avant d'avoir achevé son ouvrage, qu'il serait impossible de continuer aujourd'hui dans les mêmes conditions.

On en retrouve les registres au département des manuscrits : il y a au moins dix volumes de recherches ; mais par une fatalité malheureuse, la partie qui concerne Pontoise, Chars et les environs, est fort incomplète ; Chars n'y est même représenté que par quelques lignes et deux ou trois dates relatives au XIIIᵉ siècle ; il n'y a de presque terminé que la partie qui concerne Mantes et Meulan.

Dans la première moitié de ce siècle, vivait un homme qui s'était aussi, entre autres travaux, occupé de réunir des matériaux pour une histoire de Pontoise et des localités avoisinantes : les papiers de *Pihan de la Forest* ne se retrouvent plus aujourd'hui que chez les marchands, ou chez des hommes, qui comme M. Lebastier, de Théméricourt, s'occupent de collectionner les documents relatifs à l'histoire locale.

J'ai aussi tiré quelques renseignements d'un ouvrage attribué à dom Duplessis et intitulé : *Description géographique et statistique de la Haute-Normandie*, Paris, 1740. Cet ouvrage est divisé en deux parties, la première traite du pays de Caux, la deuxième du Vexin, mais il y a fort peu de chose.

On trouve à Rouen beaucoup de documents, mais relatifs seulement à l'histoire ecclésiastique, qui offre peu d'intérêt. Il y en a aussi aux archives des départements voisins, dont j'ai tiré parti.

A Versailles, on ne trouve que quelques papiers sur Bercagny et sur Chars, mais qui ne remontent pas plus haut que le XVIIᵉ siècle.

Ma principale source de renseignements s'est trouvée dans les archives de la commune, qui sont assez complètes et très bien conservées par l'instituteur. Du reste, je ne cite aucun fait, aucune date, sans donner des preuves à l'appui ou sans dire de qui je les tiens, ce que ne font pas toujours ceux qui écrivent l'histoire.

Donc le Vexin attend encore son historien; je n'ai pas la prétention de l'être. J'ai voulu seulement donner quelques recherches sur les barons de Chars, laissant à d'autres plus autorisés le reste de la tâche.

CHARS

SON HISTOIRE — SES HAUTS BARONS

SON VIEUX CHATEAU — SON HOTEL-DIEU — SON ÉGLISE

La Pierre-qui-Tourne — BERCAGNY.

CHAPITRE PREMIER

Le Vexin.

Le Vexin est placé à cheval sur la Normandie et sur la *France* (c'est le nom qu'on donnait autrefois au territoire qui entoure Paris). Il se divisait en *Vexin normand* et *Vexin français*. Le Vexin normand avait pour capitale *Gisors*, le Vexin français *Pontoise*. Ce dernier était compris entre l'Oise, la Seine et l'Epte d'une part, de l'autre la rivière de Valmondois.

Chars, occupant à peu près le centre du Vexin français, a le même terroir et les mêmes productions. Voici ce

que dit du Vexin, dans son langage naïf, Noël Taillepied,
le premier historien de Pontoise, qui écrivait en 1587 :

« C'est la terre la plus grasse et la plus fertile qui soit
« en la France, quant à toutes sortes de commodités
« requises pour la nécessité des vivres.

« La Beausse a ses bleds, le Parisis son plastre, Arles
« son muscat, Orléans son vin clairet, Normandie ses
« fruicts, Picardie ses forêts, le Berry ses moutons, le
« Mans ses chapons, Melun ses anguilles, Caudebec son
« éperlan, Corbeil ses pesches, Cailly son cresson, Dijon
« sa moustarde, Lyon ses marrons, Lymoux ses peignes,
« Tholoses ses ciseaux, Moulins ses ganivets, Langres
« ses cousteaux, et ainsi de chaque pays qui a sa com-
« modité particulière, mais en général le pays du Ve-
« quecin a chair et poisson, terre et eau, bled et vignes,
« bois et prez, estangs et rivières, petites montagnes
« et doulces vallées, chaux et plastre, pierre et bri-
« ques, villes et chasteaux, nobles et paysans, hommes
« en grand nombre, et plusieurs espèces d'animaux ;
« bref, comme ie dois dire, il n'y a pays au monde
« plus commode pour l'entretènement de la vie humaine,
« tant pour la sérénité de l'air que pour l'abondance
« des vivres qui y sont quand il court bon temps (1). »

Voilà certes une description qu'on serait tenté de
prendre pour celle d'un vrai pays de Cocagne ; eh bien !
la vérité me force à reconnaître qu'elle est vraie de tout
point. En effet, à part l'huile d'olive, qui est un produit
du Midi, je ne vois pas de chose, venant en France du
temps de Taillepied, qui ne soit effectivement produite
par ce beau pays.

Du reste, avant l'établissement des chemins de fer, et

____

(1) Taillepied, *Hist. de Pontoise*, p. 2 et 3.

même encore depuis, c'était le grenier de Paris. Henri IV ne s'y trompait pas ; et son premier soin, quand il assiégea cette ville, fut de s'emparer de Pontoise et du Vexin pour intercepter les vivres à la capitale.

Le nom du Vexin vient évidemment des *Véliocasses*, peuplade qui habitait cette contrée du temps de Jules César (Veliocassi, pagus Veliocassinus). Ce nom a fait *Veulquessin*, *Velquecin* et enfin *Vequecin*, que nous venons de voir chez Taillepied. Et ce ne sont pas des mots de fantaisie, on les trouve dans les chartes et les documents authentiques. Cependant de soi-disant savants ont été chercher je ne sais quelle étymologie mythologique dans le nom de Vulcain (pagus Vulcassinus), torturant les faits afin d'y trouver la trace de prétendues forges qui n'ont jamais existé que dans leur imagination; car ce pays, bien qu'on y trouve çà et là quelques traces d'oxyde de fer, n'en produit pas et n'en a jamais possédé de mines exploitables.

Croira-t-on que cette grossière erreur figure encore aujourd'hui dans les *guides* et les *itinéraires* de la maison Hachette, et dans le volume de l'abbé Trou, sur l'histoire de Pontoise (1840), où ceux-ci l'ont copiée? Mais les guides et les itinéraires ne sont pas tenus de savoir l'archéologie.

CHAPITRE II

Chars, son histoire.

§ 1er.

Chars est un village de 12 à 1300 habitants, situé sur le banc du calcaire tertiaire inférieur. Aussi il y a beaucoup de carrières souterraines, dont les unes servent à la culture des champignons, industrie nouvellement introduite dans le pays, les autres sont exploitées, les autres enfin servent de cave et même d'habitation. Il se trouve placé au fond d'une vallée tourbeuse formée par la Viosne, petite rivière qui se jette dans l'Oise à Pontoise. On y cultive du blé et des céréales : c'est un pays de culture.

Il n'y a pas encore quinze ans que la dernière vigne a disparu, par suite du refroidissement du climat, résultat du déboisement ; elle se trouvait sur le flanc sud du vallon de *la groue* et donnait un vin médiocre. Autrefois le terroir de Chars était très boisé ; les *bois de Chars* avaient même une assez mauvaise réputation, mais maintenant ils sont en grande partie défrichés.

C'est une commune du canton de Marines et de l'arrondissement de Pontoise, elle termine, au nord, le département de Seine-et-Oise.

L'histoire de Chars (en latin *Sartum* ou *Essartum*) (1), surtout dans les temps les plus reculés, se rattache étroitement à celle du Vexin français.

En langue celtique, d'après dom Duplessis, *garz* ou *harz* signifie une haie, on dit encore aujourd'hui *hart*, menu bois servant à faire des liens pour les fagots, de sorte que *Chars* signifie proprement : « localité située au milieu d'un abattis de bois. » Dans la basse latinité, *sartum* ou *essartum* veut dire la même chose (2).

Chars avait donné son nom au pays environnant, on disait Saint-Cyr *en Chars*, Neuilly *en Chars*, la Villetertre *en Chars* (3).

L'origine de Chars est fort ancienne, comme l'indiquent du reste des caves avec voûtes à nervures et quelques débris informes d'anciennes constructions que l'on remarque dans quelques murs, c'est, avec Cergy et Epiais, une des trois terres du Vexin qui furent données par Dagobert à l'abbaye de Saint-Denis au VIIIe siècle.

Depuis le règne de Clovis Ier jusqu'à celui de Charles le Simple, le Vexin fit partie du royaume de Neustrie et fut le théâtre des démêlés des rois de France avec les hommes du Nord.

Dans les IXe, Xe et XIe siècles, le Vexin, qui fut divisé en Vexin français et Vexin normand par le traité de 946 entre Louis IV d'Outre-Mer et Richard Sans-Peur, duc de Normandie, fut, comme tous les pays de frontières, le théâtre de guerres répétées. Nous n'entrerons pas dans le détail de ces guerres, on peut les trouver dans Baluze et dom Bouquet (4).

(1) On trouve aussi quelquefois dans les chartes une forme : *chartium* ou *charcium* (de *charcio*), mais c'est de la basse latinité, du latin monacal, il ne faut pas s'y arrêter.
(2) Glossaire de Ducange.
(3) Dom Duplessis, II, p. 240.
(4) *Rec. des Hist. de France.*

Le Vexin français, qui était passé dans le domaine de la Couronne par le mariage de Hugues de France, 3ᵉ fils de Henri Iᵉʳ, vit s'éteindre, vers 1086, les comtes du Vexin, qui l'avaient gouverné pendant quatre siècles.

Les comtes du Vexin avaient pour armes : *Six fleurs de lys d'or, trois deux et une, sur champ de gueules.* On sait qu'ils avaient l'honneur, toutes les fois que le roy sortait, de le précéder en portant l'oriflamme, la célèbre bannière de France, qui était ordinairement déposée à l'abbaye de Saint-Denys. Nous verrons plus tard que les sires d'Aumont, barons de Chars, exercèrent cette même dignité de père en fils.

§ 2. — Divers sires de Chars. — DE FERRIÈRE (1080-1357).

C'est vers la fin du XIᵉ siècle que les attaques réciproques des français et des anglais devenant plus vives, ils construisirent cette ligne de forteresses opposées les unes aux autres : Boury, Chaumont, Trye, Neaufle, Dangu, Saint-Clair-sur-Epte, etc. *Chars* possédait alors évidemment une maison forte ; du reste il ne se trouvait pas sur la frontière immédiate, mais à 4 ou 5 lieues seulement. Il ne paraît pas que ses seigneurs, qui étaient alliés à ceux de Boury, comme le montre une charte de 1105 citée plus loin, fussent à cette époque hors du part des Français.

Nous voyons, en 1104, un Guillaume *de Chars* (Willelmus de Carz), figurer comme témoin dans la charte de fondation du prieuré de Boury (Oise), charte qui fut déposée sur l'autel de l'abbaye de Saint-Martin de Pontoise. Il est probable que le château de Chars n'existait pas à cette époque tel que nous le voyons actuellement, car il fut brûlé, avec plusieurs autres, vers 1198, par

— 16 —

Richard Cœur-de-Lion, dans les incursions qu'il faisait autour de la forteresse de Gisors pour exercer des représailles sur les terres du roy de France. Du reste, le nom de *Château-Gaillard*, qu'il porte encore actuellement, indique bien qu'il a été rebâti postérieurement à 1196, date de la fondation, par Richard, de la forteresse des Andelys.

Cette charte de 1104, citée par dom Estiennot (1), est le plus ancien document connu où soit cité le nom d'un seigneur de Chars ; quant à celui de la localité, on a vu qu'il était connu dès le VIII° siècle.

Il résulte d'un document, conservé en original aux archives de l'Eure, que, le jour de la Pentecôte de l'an 1105, dans l'église Notre-Dame de Rouen, et pendant la messe, un nommé Raoul de Boury, fils de Walbert de Boury, vint, en présence de l'archevêque Guillaume, de ses archidiacres, de tout son clergé et d'un grand nombre des habitants de Rouen, déposer sur l'autel un couteau en signe de la restitution qu'il faisait à la cathédrale de cette ville, des terres de Gisors que son père et lui-même, après la mort de celui-ci, détenaient injustement sous le poids de l'excommunication.

L'archevêque, placé devant l'autel, releva Walbert de Boury de l'excommunication prononcée contre lui, puisque Raoul confessait sa faute et celle de son père.

Ensuite, d'un commun accord et à un jour donné, l'archevêque de Rouen, Raoul de Boury et sa famille se rendirent à Vesly, et là, Raoul y renouvela la restitution en remettant un bâton entre les mains du prélat ; la mère de Raoul et ses trois frères, Walbert, Eustache et Albéric, étaient présents, ainsi que son neveu, *En-*

(1) *Cart. de Saint-Martin de Pontoise*, Paris, 1680.

guerrand, fils de *Guillaume de Chars*, lesquels donnèrent leur consentement à cette restitution (1).

Cette charte permet de faire remonter à 1080 environ la plus ancienne mention qui soit faite d'un seigneur de Chars, car Guillaume, qui était le père d'Enguerrand, devait évidemment vivre à cette époque.

En l'an 1124, *Chars* fut compris dans la cession faite à Guillaume, fils de Henri Ier, roy d'Angleterre, à l'occasion de son mariage avec une sœur de la reine de France. Il obtint Pontoise, Chaumont, Mantes et le Vexin français ; mais cette cession ne dura pas longtemps, car après la mort de Henri Ier, sa fille Mathilde céda de nouveau le Vexin à la France, malgré Étienne de Blois, successeur de Henri (1126).

Hugues II, comte de Gisors, décédé vers 1142 et inhumé dans l'abbaye Saint-Martin de Pontoise, donna à cette abbaye les droits de mouture de ses moulins de Gisors et de Bézu-le-Long. Nous voyons figurer entre autres témoins de cette charte, Hugues de Marines et Thibaut, son fils, Gautier de Marines et Girard *de Chars* (2).

Le XIIe siècle fut une époque malheureuse pour les habitants des deux Vexins : de continuels combats de village à village, le vol, le pillage, l'incendie, aucune sécurité pour les cultivateurs, dont les moissons étaient dévastées ou brûlées. Il est vrai qu'il ne faut pas se représenter le pays comme il est maintenant : alors, les bois et les friches couvraient une grande partie du territoire ; néanmoins, les hommes pris dans les campagnes

(1) Voici le passage de la charte originale :

« Ubi tunc interfuerunt, hanc redditionem concedentes, ex parte « Radulfi : mater ejus et fratres ejus, videlicet Walbertus, Eusta- « chius et Albericus, *ingelrannus* nepos ejus, filius Willelmi de « CARZ. »

(2) Dom Estiennot.

étaient menés comme des troupeaux de moutons là où il y avait des travaux à accomplir, des places fortes à bâtir, des pierres à extraire pour des murailles. C'est ainsi sans doute que le château de Chars fut bâti. Du reste, on voit que le bétonnage du centre de ses murs est fait de pierres ramassées sur le sol : elles sont parfaitement reconnaissables.

On voit dans le cartulaire de dom Estiennot que du temps de Guillaume, II⁰ abbé de Saint-Martin de Pontoise, qui vivait de 1153 à 1158, *Osmont de Chars* et sa femme Ehremburge donnent la moitié de la dixme de Grisy.

En 1157, Mathilde, veuve de Hugues II de Gisors, étant tombée malade à *Chars*, fit venir Guillaume de Mello, abbé de Saint-Martin de Pontoise, qui lui administra les derniers sacrements. Alors elle légua à son abbaye, pour le repos de son âme, de celle de son mari et de celle de ses ancêtres, un marc d'argent à prélever annuellement le jour de Pâques sur le revenu des biens qu'elle possédait en Angleterre. Mais étant devenue moins malade, elle se fit transporter à l'abbaye de Saint-Martin, où elle mourut peu de temps après, et où elle fut inhumée à côté de son mari.

En 1175, les religieux, ne pouvant toucher régulièrement ce marc d'argent en pays étranger, vinrent trouver Jean de Gisors, qui leur accorda en échange 50 sous parisis à prélever sur le revenu du four banal de Gisors (1).

En 1167, Louis le Jeune, ayant inopinément attaqué plusieurs villages du Vexin normand, l'armée anglaise entra dans le Vexin français où, entre autres dégâts, elle brûla Chaumont et tous les villages voisins, Chars fut du nombre.

(1) Dom Estiennot, cart. de Saint-Martin.

En 1183, on voit figurer parmi les témoins de la charte par laquelle Thibault de Gisors donna à l'abbaye de Saint-Martin le bourg situé hors de la porte du château de Pontoise, un certain Thibault, *prévôt de Chars* (1), c'est ce même Thibaut de Gisors, qui donna à l'abbé de Saint-Denis la moitié de la dîme de l'église de Chars, ce qui causa plus tard de nombreux et longs procès entre cet abbé et les seigneurs du lieu. Nous en reparlerons.

La fin du XII° siècle fut marquée par de nombreuses guerres dont les Vexins français et normands furent le théâtre (2). En 1198, Richard Cœur-de-Lion poursuivait Philippe-Auguste devant Gisors, celui-ci tomba dans l'Epte et faillit s'y noyer : à cette occasion, Philippe fit orner le pont où avait eu lieu l'accident d'une statue de la Vierge, toute dorée, en mémoire de quoi ce pont fut appelé le *Pont doré*, nom qu'il conserve encore aujourd'hui.

Poursuivant le cours de ses succès, Richard assiégea et prit les châteaux de Courcelles et de Boury; quelques jours après, ayant partagé son armée en plusieurs corps, il assiégea simultanément plusieurs places des deux Vexins. Dans une de ces expéditions, conduite par lui-même, ayant pris le château de Serifontaine, il le livra aux flammes, ainsi qu'un grand nombre de villages du Vexin français, parmi lesquels il faut encore compter Chars, de sorte qu'il ne resta plus au roy de France que Gisors, Neaufle et Neufmarché.

L'année suivante, 1199, la paix fut signée et bientôt suivie de la mort de Richard, qui arriva devant le Château de Chalus en Poitou. C'est à cette époque que le château de Chars fut reconstruit, et qu'il prit le nom de *château Gaillard*, sous lequel il est encore connu aujour-

(1) Dom Estiennot, cart. de Saint-Martin.
(2) Dom Bouquet, *Rec. des Hist. de France*, t. XVII, p. 468.

d'hui, en mémoire du château Gaillard près des Andelis, bâti par Richard Cœur-de-Lion.

En 1201, Jean de Gisors donna à l'abbaye de Saint-Denis trois pains de froment à prendre au moulin de Noisement (1).

En 1205, ce même Jean de Gisors rendit à Philippe-Auguste un aveu et dénombrement général de ses biens, parmi lesquels nous remarquons : Romesnil, Neuilly-en-Chars, Moussy, le Bellay, *Chars*, toutes localités limitrophes de cette dernière (2).

Pendant près d'un siècle, le Vexin jouit d'une tranquillité relative, les Anglais étaient expulsés de la Normandie, et le théâtre de la guerre se trouva transporté ailleurs.

En 1211, *Pierre de Chars* (de Chartio), est témoin d'une charte par laquelle Gautier de Santeuil cède à l'église Saint-Remi de Marines, le droit de champart sur la terre du champ dolent sise à Marines (3).

En 1220, vivait un certain *Thibaut de Chars*, neveu de Thibaut de Bouconvilliers (de Boscovillari) (4).

En 1221, *Pierre de Chars, Miles* (chevalier) et autres, sont exécuteurs testamentaires de Jean de Beaumont. En 1223, une lettre de ces mêmes personnages rappelle une donation faite au prieuré de Saint-Aubin-de-Chambli (5).

Vers 1235, *Thibaut de Chars*, chevalier, avait pour femme Erembùrge, et pour frères *Guillaume de Chars*, mari de Pétronille, et *Philippe de Chars*, mari d'Emeline,

En 1244, *Hugue de Chars*, chevalier, mari d'Ade,

(1) Cartul. manuscrit de Saint-Denis, Arch. nationales.
(2) V. l'*Hist. de Boury et celle de Gisors*, par Hersant, 1857 et 1860.
(3) Archives de l'Oise à Beauvais.
(4) Charte originale, Archives nationales.
(5) Papiers de dom Grenier, Biblioth. nationale.

portait dans ses armoiries une bande chargée ou *frettée* de sautoirs de gueules.

En 1246, vivait *Pierre de Chars*, chevalier, fils de Thibaut (1).

En 1248, on trouve un *Hugue de Chars* (Hugo de Chartio) *Miles*, qui figure comme témoin dans une charte de l'abbaye de Gomerfontaine (2).

Ces listes de témoins de chartes sont bien précieuses. Car en l'absence de l'historien, ou même de faits et gestes remarquables de ces seigneurs, elles permettent d'en rétablir la suite et d'affirmer leur existence par un témoignage irrécusable.

En 1250, Guillaume de Gisors partage, par un arrangement, les bois de Chars entre lui et l'abbaye de Saint-Denis (3).

En 1306, Jeanne de Gisors, fille de Guillaume, seigneur de cette ville, épousa Henri de Ferrière, qui devint par là seigneur de Chars. Cette famille portait : *d'hermine à la bordure de gueules chargée de huit fers à cheval d'or* (4).

Cet Henri de Ferrière était fils de Pierre de Bretagne, et petit-fil de Louis VIII. C'est sa fille, Jeanne de Ferrière, femme de Jean d'Evreux, qui fut la première fondatrice de l'Hôtel-Dieu de Chars. Son cœur fut déposé dans l'église même de Chars. Le tombeau fut restauré en 1638 par Marguerite de la Guesle ; il était orné de sa statue et de celle de Pierre d'Aumont le Hutin, second fondateur de l'hospice.

En 1346, la guerre éclata entre Philippe VI de Valois

(1) Arch. du président Lévrier.
(2) Louvet, *Anciennes remarques sur la noblesse du Beauvaisis*, Paris, 1540.
(3) Cartul. manuscrit de Saint-Denis, Arch. de Paris.
(4) Hersant, *Hist. de Gisors.*

et Edouard III, roi d'Angleterre, et le 26 août se livra
la désastreuse bataille de Crécy. Cette guerre avait été
précédée d'une disette telle, que, selon un chroniqueur,
« les gens étaient contraints de brouter l'herbe et de se
nourrir de racines. » Cette famine avait été suivie d'une
peste (1343). Ces deux fléaux exerçaient simultanément
leurs ravages. Les détails donnés par les historiens du
temps font frémir et seraient à peine croyables si ceux-
ci n'étaient unanimes.

A la suite de ces désastres, le Vexin français eut beaucoup à souffrir des exactions de Charles le Mauvais,
comte d'Evreux, qui le ravagea à plusieurs reprises. Ce
ne fut qu'en 1378, que Duguesclin, en expulsant les Anglais d'une partie de la Normandie, rendit quelque tranquillité aux habitants de Chars et des places voisines de
Gisors. On sait que c'est dans les environs de Beauvais
que la Jacquerie de cette époque avait pris naissance.

<h3 style="text-align:center">§ 3. — D'Aumont, De Rouville (1357-1586).</h3>

A cette époque, le 6 juin 1357, Régnault de Trie, dit
Billehaut, vend la terre de *Chars* à Pierre Ier d'Aumont
qui, trois jours après, en rend foi et hommage à l'abbé
de Saint-Denys (1).

C'est de cette année (1357) que date l'introduction de
la terre de Chars dans la famille des sires d'Aumont.
Cette famille est très ancienne et elle est originaire de
Flandre : en 1076 nous voyons cité un Philippe d'Aumont, qui figura avec honneur au tournoi d'Anchain,
près de Douai, privilége réservé à ceux qui prouvaient,

(1) Dom Caffot, *Trésor généalogique,* publication très rare du
siècle dernier, qui n'a eu qu'un volume, celui de la lettre A.

par pièces authentiques, seize quartiers de noblesse (1).

Elle vint ensuite se fixer dans la Picardie, et ses membres fondèrent (1218) l'abbaye de Notre-Dame de Ressuns ou Ressous, en Thelle. C'était une abbaye de Prémontrés, située entre Méru et Beauvais : on y voyait plusieurs de leurs tombeaux. Nous verrons plus tard le Ressons figurer avec plusieurs des seigneuries possédées par les d'Aumont, dans les titres du dernier baron de Chars.

Si l'on en croit l'inscription placée dans l'église de Méru sur la tombe de Ferry d'Aumont, mort en 1526, ils étaient seigneurs d'Aumont, la Neuville-d'Aumont, Berthecourt, Villers-sur-Thères, Amblainville, Enonville, Berville, Boulènes, Agnicourt, Lardières, Corbeilcerf, Andeville, Crèvecœur, Soubriant, Larcy, *Chars*, le Bouccaut, Moussy-le-Perreux, Santeuil, Vignacourt, Courcelles-sur-Viône, Jouy-la-Fontaine, le fief de Clercellis, à Pontoise, et seigneurs châtelains de Méru : lieux situés tous en Picardie ou dans le Vexin français. Ils furent en outre, pendant le XVe et le XVIe siècle, gouverneurs du château de Boulogne-sur-Mer, de père en fils.

La filiation sûre des sires d'Aumont ne remonte, selon Lachesnaie des Bois, qu'à 1248, époque où on trouve un Jean Ier d'Aumont, qui eut pour fils Jean II d'Aumont, lequel mourut en 1300. En 1328, Jean III d'Aumont assiste à la bataille de Bouvines et à diverses autres batailles. C'est le père de Pierre Ier.

Les d'Aumont portaient : *d'argent au chevron de gueules accompagné de sept merlettes de même, quatre en chef et trois en pointe* (2).

(1) La Chesnaie-Desbois, art. d'Aumont.
(2) Une branche de la famille d'Aumont existe encore aujourd'hui; celle des d'Aumont de Villequier.

Pierre Ier d'Aumont, le premier qui posséda la baronnie de Chars, était conseiller et chambellan des rois Jean et Charles V. « Il servit dès 1347, il était l'un des quatre chambellans de Normandie en 1350. Il fut envoyé en cette qualité vers le roy avec Robert de Saint-Venant, le 31 juillet 1355. Il servit en l'ost de Breteuil sous ce prince avec deux chevaliers et huit écuyers, du 5 mars 1355 au 12 octobre 1356.

« Il se trouvait en 1357, au mois de septembre, au siége de Honfleur, sous Louis de Harcourt, vicomte de Châtellerault; nous avons vu que c'est cette année-là qu'il devint sire de Chars. Il fut établi capitaine du château de Neaufle avec vingt-quatre écuyers et douze arbalétriers à 5,000 écus par an, le 22 décembre 1359. Ce traitement équivaut à 100,000 francs au moins de notre monnaie. Le roy lui donna en outre, le 13 juin 1363, en reconnaissance de ses services, et pour *le relever de plusieurs griefs et dommages qu'il avait soufferts par les grandes et excessives rançons qu'il avait payées pendant les guerres,* les terres de Sacquainville et de Bérangeville, confisquées sur Pierre de Sacquainville, exécuté à mort dans la ville de Rouen.

« Il commandait dix hommes d'armes en garnison du château de Vernonnet, qu'il fit payer de leurs gages le 28 janvier 1364, et quatre autres le 26 mars 1307; « à lui accordez pour la garde de ses chasteaux et de ses forteresses, » selon la teneur de l'édit qui les lui donnait.

« Lors du mariage de son fils, Pierre le Hutin, que nous verrons tout à l'heure fonder l'Hôtel-Dieu de Chars, le roy le gratifia de 400 livres. Ce mariage fut célébré le 20 juin 1367. L'année suivante, le roy lui donna encore 300 francs d'or, et même par la suite il obtint plusieurs autres gratifications. Il fut l'un des exécuteurs testamentaires de Guillaume de Melun, archevêque de Sens, le 19 avril 1376.

« Il mourut le 10 avril 1381 et fut enterré à l'abbaye de Ressons. Le roy Charles VI fit faire, depuis, ses obsèques à l'église des Célestins de Paris, le 4 juin 1386.

« Sa femme, Jeanne du Déluge, fut gouvernante du roy Charles VI. Le roy lui fit donner, le 13 juin 1369, *un hanap à pied couvert*, en considération de ses services. De plus, elle eut 300 livres pour l'épervier ou lit du Dauphin, qui lui appartenait de droit, et qu'il voulut racheter ; elle mourut en 1392, laissant cinq enfants dont Pierre II d'Aumont, dit le Hutin (1). »

C'est en 1371, que Pierre Ier d'Aumont fonda l'Hôtel-Dieu de Chars ; plus tard, en 1394, cette donation fut confirmée et considérablement augmentée par son fils Pierre le Hutin. Nous verrons plus loin la charte de fondation qui fut donnée par ce dernier.

En 1397, il fut nommé porte-oriflamme du roy. Cette nomination fut faite par le régent, car on sait que depuis 1392, le malheureux Charles VI avait perdu la raison. Pierre le Hutin eut pour traitement 1,000 francs d'or, environ 200,000 francs de notre monnaie. Son surnom provint de ce qu'il batailla continuellement pendant plus de 40 ans. Il mourut en 1413, selon le religieux de Saint-Denis, qui a écrit l'histoire de Charles VI.

Deux des filles de Pierre le Hutin furent abbesses du monastère de Saint-Paul-lès-Beauvais. C'étaient Jeanne III (1390-1394), et Colette Ire d'Aumont (1394-1405). Une de leurs tantes, Marguerite Ire d'Aumont, avait occupé la même dignité de 1340 à 1364 ; cette particularité ne fut peut-être pas étrangère à la fondation

---

(1) Le P. Anselme, *Histoire générale de la Maison de France et des pairs du Royaume*, Paris, 1728.

de l'hôpital de Chars par les membres de cette maison.
Il faut lire dans l'histoire de l'abbaye de Saint-Paul, par
M. l'abbé Deladreue, curé de cette localité, le récit émou-
vant des malheurs de ces temps calamiteux.

En 1409, Pierre III d'Aumont, porte-oriflamme du roy
Charles, dignité réservée autrefois aux anciens comtes
du Vexin, donne de nouveaux biens à l'hospice de *Chars*;
la mémoire de ce seigneur, ainsi que celles de ses prédé-
cesseurs et de ses descendants, nous a été conservée par
la mention qui est faite de leurs bienfaits dans les archives de l'Hôtel-Dieu de Chars.

Voici ce que dit Félibien touchant l'oriflamme :

« A la guerre, l'oriflamme estoit porté en avant de tous
« les autres drapeaux. Cet estendart estoit fait en forme
« de bannière ancienne à trois pointes avec des houppes
« vertes sans franges d'or. Quelques-uns croyent qu'on lui
« donna ce nom, parce qu'il estoit d'une étoffe de soye
« de couleur d'or et de feu, et d'autres parce qu'il estoit
« attaché à une lance dorée. Quoy qu'il en soit, cet
« étendart estoit regardé avec un certain respect, jus-
« que-là que quelques auteurs l'ont voulu faire passer
« pour un présent du ciel. L'abbé le bénissoit par une
« oraison qui se lit encore dans un ancien manuscrit de
« saint Denis, contenant les cérémonies du sacre de nos
« rois. Celui qui portoit l'oriflamme se tenoit pour fort
« honoré de cette fonction. C'estoit autrefois un droit ré-
« servé aux seuls comtes du Vexin, soit en qualité d'a-
« voués de Saint-Denys, soit comme premier homme-lige
« et premier vassal de l'abbaye.

« Le baron recevait l'oriflamme des mains de l'abbé,
« lorsqu'il estoit nécessaire de prendre les armes, pour la
« défense du royaume en général. Nos roys ne portaient
« pas eux-mêmes l'oriflamme, mais après l'avoir pris sur

« l'autel ou l'avoir reçu des mains de l'abbé, comme il
« est expressément marqué de Philippe le Hardy, ils la
« mettoient aux mains du vaillant chevalier qui faisoit
« serment de la conserver et de la rapporter au même
« lieu (1).

Les rois la portaient aussi quelquefois autour de leur
cou sans la déployer; plus tard la dignité de porte-oriflamme fut remplacée par celle de connétable, de sorte
qu'on peut dire que celui qui la possédait était le premier
homme du royaume, après le roy (2).

Pierre d'Aumont, le porte-oriflamme, eut pour successeur Jean IV, le Hutin, échanson du roy : mais celui-ci
s'attacha au duc de Bourgogne. Il fut tué à la bataille
d'Azincourt (1415). On sait qu'il est bien peu de familles
nobles qui n'aient eu un ou plusieurs de leurs membres
tués dans cette bataille si funeste à la France. C'était
en ce temps que la France était déchirée par les fac-
tions, et que Bourguignons et Armagnacs se disputaient
le pouvoir.

A Jean IV d'Aumont succéda Jacques son fils, conseiller et chambellan de Philippe le Bon (3).

En 1419, quatre ans après la bataille d'Azincourt, un
parti de troupes anglaises, sous la conduite du duc de
Clarence, vint mettre le siége devant Gisors. La ville et
la citadelle furent défendues, avec énergie, par David de
Gouy et Lionel de Bournonville, alors gouverneurs de
Gisors. Mais le nombre des assiégeants rendit tous les efforts inutiles. Le siége dura trois semaines, et la ville se
rendit en mars 1419.

(1) Félibien, *Hist. de l'Abb. de Saint-Denys.*
(2) On lit encore dans la *Chron. de Flandre* (mss. Bibliot. nat.,
n° 8380, fol. 184) : « L'oriflambe estoit d'un vermeil samit à façon
de gonfanon à trois quenes, et si avoit entour fringes et houppes
de soye verte. »
(3) Grave, *Hist. de Méru.*

Les châteaux fortifiés des environs se rendirent aussi, à la même époque, et la bannière anglaise flotta à Trye, Chaumont, Boury, *Chars*, etc. Les villages voisins de Gisors furent incendiés (1).

Cependant les seigneurs finirent par accepter de bonne grâce la domination anglaise, qui du reste ne paraît pas avoir été bien exigeante ; car, en 1433, un certain Pierre d'Aumont, garde de l'oriflamme du roy de France, était *baron de Chars*, et bien que son grand-père, Jean IV le Hutin, eût été tué par les Anglais à la bataille d'Azincourt (1415), comme nous l'avons vu plus haut, il se reconnaissait en même temps vassal de la reine d'Angleterre, qui était dame de Pontoise (2).

Il fit même don à l'hospice de plusieurs terres et biens. Jacque d'Aumont, son fils, lui succéda ; il obtint de l'archevêque de Rouen l'administration de l'hôpital de Chars (3). On conviendra que cela lui était bien dû (1456).

On sait que c'est en 1441, que le roy de France reprit Pontoise. L'année suivante, les Anglais étaient définitivement chassés du Vexin.

En 1498, Pierre d'Aumont, chambellan du roy, *baron de Chars*, donne des biens à l'hospice (4).

En 1521, Ferry d'Aumont, garde de l'oriflamme, *baron de Chars*, de Méru, etc., donna aussi des biens à l'Hôtel-Dieu (5). C'est celui dont nous avons vu plus haut l'épitaphe, et qui est enterré dans l'église de Méru. Il n'avait pas d'enfant mâle, et ne laissa que deux filles, dont la deuxième épousa Claude de Montmorency, et

(1) Hersant, *Hist. de Gisors.*
(2) Arch. de l'Hôtel-Dieu de Chars.
(3)   id.   Id.
(4)   Id.   Id.
(5)   Id.   Id.

l'aînée ayant pris pour mari Louis de Rouville, grand veneur de France, la baronnie de Chars passa alors dans cette maison de Rouville (1).

Les de Rouville, famille d'une noblesse assez récente, relativement aux d'Aumont, portaient :

D'azur à deux goujons adossez d'argent, semé de billettes d'or (2).

Le père Anselme veut que les goujons soient *de même*, c'est-à-dire d'or.

De 1521 à 1586, on trouve (3) la trace de trois de Rouville, *barons de Chars*, ce sont :

1° Louis de R., gendre de Ferry d'Aumont (1521).

2° Louis de R., chevalier de l'Ordre, gouverneur de Dieppe (1548). C'est sous ce seigneur qu'en 1545, au mois d'octobre, François Ier donna par lettres-patentes le droit de fermer le bourg de murailles et de ponts-levis. Le souvenir s'en est conservé jusqu'à nos jours, car un *lieu dit* du village, non loin des ruines du vieux château, porte encore le nom significatif de *Derrière-les-Murailles*, et dans le terrier de 1715, il est question des *clôtures* du village de Chars.

3° Enfin, Louis de R., septième du nom, le huguenot (1568).

C'est ce seigneur qui, rompant avec la tradition de ses ancêtres, transféra l'Hôtel-Dieu. En 1566, il était situé dans l'enceinte du vieux château : Louis de Rouville voulant se débarrasser de ce voisinage, fit constater par le lieutenant général du bailliage de Pontoise la commodité qu'il y avait de le rebâtir ailleurs (1567); puis, selon la coutume féodale qui voulait qu'aucune con-

---

(1) Arch. de l'Hôtel-Dieu de Chars.
(2) Audiguier de Blancourt, *Noblesse de Picardie*.
(3) Arch. de l'Hôtel-Dieu de Chars.

struction ni même aucune appropriation de château ne se fît sans la volonté royale, Charles IX donna des lettres-patentes, et, en 1568, l'Hôtel-Dieu fut transféré à l'endroit où il est encore actuellement (1).

Louis de Rouville le Huguenot se fortifia donc dans le château de Chars, mais ses descendants n'en jouirent pas longtemps. Nous allons bientôt voir qu'il fut détruit dans les guerres de la fin du XVIᵉ siècle.

La tradition veut que, poursuivi par ses ennemis, Calvin soit venu résider dans les environs, au château d'Hazeville, commune de Wy, petit village situé à trois lieues environ de Chars, et dans une position qui domine tous les environs. Il résida chez le seigneur du lieu, qui aimait Calvin, disait-il, parce qu'il lui *apprenait du nouveau.* Peut-être aussi fit-il des prosélytes parmi les seigneurs des environs.

On montre encore le pavillon où il écrivit, dit-on, ses *Institutions chrétiennes.* Le manuscrit s'en était même conservé dans la famille de ce seigneur, mais l'un d'eux, nouveau converti, et à l'instigation du curé d'Averne, village voisin, le brûla (2) : bel auto-da-fé ma foi, et bien profitable à la religion !

Un lieu voisin reçut le nom d'*Enfer* à cause du grand nombre d'hérétiques qui s'y trouvaient... Calvin mourut en 1564.

Louis de Rouville, lui non plus, ne laissa qu'une fille. La baronnie de Chars passa alors dans la maison de la Guesle (1586).

(1) Arch. de l'Hôtel-Dieu de Chars.
(2) Dom Duplessis.

§ 4. — DE LA GUESLE, SÉGUIER D'O (1586-1651).

Après l'illustre famille d'Aumont et celle de Rouville, nous voyons la terre de Chars arriver dans la maison de La Guesle. Mais maintenant ce n'est plus par les armes que lui viendra son illustration, c'est par la parole.

Cedant arma togæ.

La famille de La Guesle (1) est une ancienne famille originaire de l'Auvergne. Son illustration commença dans la robe par Jean de La Guesle. Ce dernier dut son élévation à la place de président à mortier au parlement de Paris, à la prudence avec laquelle il s'acquitta de né-gociations délicates pendant le règne de Henri III.

Lors de la journée des barricades, la chambre du parlement le députa auprès du roy pour l'assurer de sa fidélité. Bientôt il se retira dans sa terre de Laureau, en Beauce, près d'Épernay et y mourut peu de temps après (1588) (2).

C'est son fils, Jacques de La Guesle, qui obtint la succession de la place de procureur qu'occupait son père lorsqu'il passa président à mortier le 7 janvier 1583. Il était né en 1557 (3). En 1586, il épousa Marie de Rouville et devint ainsi *baron de Chars.*

(1) De La Guesle, *d'or au chevron de gueules accosté de trois huchets de sable, deux en chef et un en pointe, virolez d'argent, engrelés de gueules.* (Selon Audiguier de Blancourt et Blanchart, éloges de tous les prem. présid. au parlem. de Paris. (Paris, 1645.)
(2) Blanchart, *Éloge de tous les Présidents au Parlement de Paris.* Paris, 1645.
(3) En 1578 on voit, dans le *Journal de Henri III,* qu'il figure comme surintendant dans la commission chargée de surveiller la construction du Pont-Neuf à Paris, par Androuet du Cerceau.

Notons aussi que vers cette époque, c'est-à-dire en 1587, on trouve dans Noël Taillepied le passage suivant de sa description du Vexin et de ses principales illustrations :

« Le procureur du roy général au parlement de Paris « visite souvent ses domaines de *Chars*, du Bellay et « autres lieux qui lui appartiennent. »

C'est évidemment de Jacques de La Guesle qu'il est ici question.

Jacques de La Guesle remplissait sa place avec beaucoup de fermeté et de zèle. Après la journée des barricades, il voulut quitter Paris, où l'autorité du roy n'était plus respectée, mais reconnu à l'une des barrières malgré son déguisement, il fut arrêté et conduit à la Bastille. Aussitôt qu'il eut recouvré la liberté, il se hâta d'aller rejoindre Henri III, alors au château de Saint-Cloud.

Il paraît que, allant, la veille de l'assassinat du roy, de sa maison de Vaucères à celle de Saint-Cloud, Jacques de La Guesle rencontra Jacques Clément sur son chemin. Ayant su de lui qu'il avait des choses très importantes à dire au roy, il le fit monter en croupe derrière son frère qui l'accompagnait, le mena à Saint-Cloud et l'hébergea même chez lui jusqu'au lendemain.

Ce fut encore lui qui introduisit l'assassin auprès de Henri III. On peut lire tous les détails de cet assassinat dans les mémoires du temps, notamment dans le *Journal de Henri III* de P. de l'Estoile et dans la lettre qu'il publia lui-même sur cet acte de scélératesse.

Voici ce qu'il en écrivit peu de temps après le coup, rapporté par l'auteur de la *Fatalité de Saint-Cloud*, le Père Bernard Guyart :

« Le malheureux assassin, se tenant ferme auprès du

« roy (après avoir donné le coup de couteau), j'eus
« crainte qu'il n'eut encore quelqu'arme de cachée, ce
« qui me fit mettre l'épée au poing, et, lui baillant des
« gardes contre l'estomach, je le poussai et le jettai
« dans la ruelle. Sur ce bruit, arrivent les ordinaires,
« desquels l'un tirant l'assassin de la ruelle où il était,
« incontinent fut tué par les autres, nonobstant que je
« leur criasse plusieurs fois qu'ils n'eussent à le tuer. »

Certains historiens ont prétendu que l'assassin avait
été tué par Jacques de La Guesle lui-même ; on voit qu'il
n'en est pas précisément ainsi. Cela, du reste, se serait
mal accordé avec ses fonctions de procureur général ;
un magistrat peut juger le crime, mais il ne le punit pas
par lui-même.

Cependant Henri IV, qui succédait par le fait à
Henri III, était obligé de mettre le siége devant Paris
(1589) : il fut deux fois repoussé. Il se vit alors obligé
d'entreprendre la campagne de Normandie et de con-
quérir son royaume les armes à la main. Une première fois il s'était emparé de Pontoise (1589), mais
Mayenne le reprit (1590). *Chars* tenait alors pour la
ligue, comme tout le pays environnant, du reste. Les
temps étaient calamiteux, des partis de soldats prenaient
la guerre pour prétexte à leurs pillages. Il faut lire, dans
les mémoires du temps, les détails de leurs voleries.

C'est entre la prise de Gisors (1591), et celle de Pontoise (1593), que Henri IV trouva le temps de lancer, par
lui-même, ou par un de ses généraux, quelques volées
de pièces de canon sur les murailles du château de
Chars. C'est sur un mamelon voisin, nommé le *Haut de
Bray*, que la tradition veut qu'il ait placé ses batteries ;
et par le fait, de ce mamelon, situé à 3 ou 400 mètres de
distance, on domine parfaitement le château.

3

Il paraît que le huguenot Louis de Rouville, l'avait fait bien remettre en état, et qu'il résista plus qu'on ne l'aurait cru, car les soldats l'incendièrent. On trouve encore des traces très visibles de feu, sur le mur du côté sud, à l'intérieur.

On découvre aussi de temps en temps, quand on fouille au pied des ruines, des boulets de fer et même des lingots de plomb fondu.

Ce château ayant été ruiné, comme on vient de le voir, Jacques de la Guesle en fit reconstruire un autre à côté de l'église en remontant dans la vallée. Il existe encore, mais masqué dans des constructions nouvelles, élevées il y a quelques années par la comtesse de Rutant. C'était un bâtiment assez gracieux, formé d'un corps de logis en retour, flanqué de deux ailes, et les débris du vieux château furent abandonnés aux ravages du temps.

Jacques de la Guesle ne fut pas moins dévoué à Henri IV qu'à son prédécesseur, il fit partie du conseil où on décida les mesures à prendre pour le rétablissement de l'ordre, il s'y opposa à l'expulsion des jésuites, demandée par plusieurs des membres.

Il protégeait les Pères de cet Ordre, ce qui donna occasion à Henri IV, après la tentative de Jean Châtel, de lui en faire des reproches, lui rappelant qu'il avait été la cause, involontaire, il est vrai, de l'assassinat de Henri III.

Les ennemis de Jacques de la Guesle, toujours à la piste de ce qui pouvait lui nuire, faisaient courir dans Pari , à ce propos, les anagrammes suivants sur son nom :

Jacques de la Guaile,
Laquais de la ligue.

On y joignait le nom d'Antoine Séguier, également détesté des Parisiens :

Antoine Séguier, Jacques de la Guesle,
Les gens du Roi acquiescent à la ligue (1).

Misérables jeux de mots que l'esprit de parti employait dans ces temps troublés, qui ne manquent pas d'une certaine analogie avec les nôtres.

Vers ce temps fut publié un placard dédié à Jacques de la Guesle, et qui fait partie de la *Chronologie collée ou coupée*, recueil assez rare que l'on voit quelquefois passer dans les ventes d'estampes à Paris, où il se vend de 8 à 900 francs.

C'est une grande feuille d'un mètre environ de large, sur 90 centimètres de hauteur. Elle contient dans un carré de 18 cases de long, sur 8 de large, 144 portraits des hommes célèbres de France, de Louis XII à Henri IV; parmi lesquels naturellement figure celui du président, père de Jacques de la Guesle. Ce carré est entouré d'un texte imprimé, en tête duquel se trouve la dédicace suivante :

« A très généreux, très prudent messire Jacques de la
« Guesle, seigneur de Laureau, *Chars*, Marigny, Vaillé
« et Bellay, conseiller du roy en ses conseils privé et
« d'estat, et procureur général en sa cour de parlement. »

Elle est signée : — Jean Le Clerc (2).

Malgré tous les efforts de ses ennemis, qui pressaient le roy de le renvoyer, allant jusqu'à l'accuser d'avoir donné le coup de couteau de Jacques Clément (3), Henri IV, qui appréciait son zèle et ses talents, ne voulut pas y consentir, et ce magistrat mourut en exercice à Paris, le 3 janvier 1612.

(1) Journal de Henri IV, *passim*.
(2) Recueil factice de P. de l'Etoile, intitulé : *Les belles figures et drôleries de la Ligue*, in-f° à la Bibliothèque.
(3) *Journal de Henri III et Henri IV*, passim ; — *Fatalité de Saint-Cloud*, etc.

Il avait publié, l'année précédente, le recueil de ses *Remontrances*, gros in-quarto. On a encore de lui une *Lettre sur l'assassinat de Henri III*, un *Traité en forme de contredit touchant le comté de Saint-Pol*. On a imprimé à la suite des *Remontrances faites à la reine d'Angleterre au sujet de Marie, reine d'Ecosse*, le *Récit du procès fait au maréchal de Biron*, enfin un *Discours touchant la dissolution du mariage de Henri IV et de Marguerite de Valois*. Manuscrit à la Bibliothèque de Paris (1).

Par lettres-patentes datées du mois de janvier 1605, la terre de Chars fut érigée en baronnie par Henri IV, en faveur de Jacques de la Guesle (2) : le roy Louis XIV confirma aussi plus tard cette érection.

Le procureur général avait marié sa fille Marguerite avec Pierre III Séguier, conseiller au parlement, maître des requêtes, appartenant à la tige principale de cette illustre famille (3).

On trouve, dans Tallemant des Réaux, une note de l'historiette de Mme de Luynes, femme du baron de Chars, qui concerne son père, P. Séguier du Soret, aussi baron de Chars, mais qui en dit peu de bien, quoi qu'il en soit, voici cette note :

« Cet homme estoit le plus indigne de vivre qui fut ja-
« mais. Il avoit esté conseiller au parlement, son père
« estoit mort président à mortier (4), mais il quitta la
« robe et prit l'espée, luy qui n'estoit qu'un poltron. Il
« espousa la fille du procureur général Jacques de la
« Guesle (5), de cet homme qui pensa mourir de regret

(1) Biographie générale des frères Michaud.
(2) *Dictionnaire géograph. des Gaules*, par l'abbé Expilly (1762), art. *Chars*.
(3) Séguier, *d'azur au chevron d'or, accompagné en chef de deux étoiles et en pointe d'un mouton de même*.
(4) Le fils du Séguier de la *Chronologie collée*.
(5) Baron de Chars.

« d'avoir introduit, quoiqu'innocemment, le moine qui tua
« Henri IIIᵉ. Or M. de la Guesle estoit gentilhomme et
« avoit un frère qui parvint à commander le régiment de
« Champagne. C'estoit beaucoup en ce temps-là, cet
« homme fit quelque fortune, et acheta le marquisat d'O.
« Il n'avoit point d'enfants. Mᵐᵉ de Soret estoit une de ses
« héritières, car elle avoit une sœur. Soret, d'impatience
« d'avoir le bien de cet homme, le chicana en toutes cho-
« ses, et enfin luy fit tirer un coup d'arquebuse comme il
« venoit de Saint-André (des Arts), dont un gentilhomme
« qui estoit avec luy fut tué. On avera que Soret avoit
« fait faire le coup. Mais l'oncle de sa femme ne le vou-
« lut pas permettre, et mesme, Soret étant mort, il fit
« Mᵐᵉ de Soret son héritière, et la terre d'O lui revint.
« Depuis on l'appela la marquise d'O. »

C'est elle qui figure sur une inscription dans l'église.
Bien qu'il ne faille pas consulter Tallemant, pour voir le
XVIIᵉ siècle en beau, je l'ai cité, parce qu'on y trouve des
renseignements qu'on ne trouve que là, sur des personnages dont la grande histoire ne parle pas. Du reste,
nous verrons que la femme du marquis d'O s'était séparée de lui, ce qui semblerait donner raison à Tallemant.

De 1611 à 1630, les habitants de Chars eurent à soutenir deux longs procès, pour l'administration de l'hospice. Nous en parlerons avec détails, dans le chapitre de
l'Hôtel-Dieu ; qu'il nous suffise de savoir maintenant
qu'ils finirent par l'emporter sur la religieuse directrice,
qui était soutenue par le baron de *Chars*, ou plutôt par
sa femme, séparée de biens, Marguerite de la Guesle.

Bien qu'il fût séparé de sa femme, celle-ci lui donne,
dans une inscription de l'église que nous rapportons plus
loin, le titre de *baron de Chars* (1628). Lorsqu'il
fut mort (1638), sa veuve devint seigneur en titre

de Chars. Elle présenta en cette qualité le curé Pasquier (1649) (1). Elle figure encore sur le terrier des Essarts (1649) et sur un autre acte en 1650 (2).

Il ne paraît pas que, pendant les guerres de la Fronde, Chars ait joué un rôle quelconque, ses murs et son château avaient été rendus inoffensifs par Henri IV, et ce n'était certainement pas le nouveau qui pouvait faire quelque résistance.

Et puis, le sort de la ville de Quillebœuf était présent à tous les esprits. Le comte d'Harcourt, si on en croit une pièce imprimée que je possède, la fit piller, brûler entièrement, et noya tous ses habitants dans la Seine, en février 1649, pour la punir de sa résistance.

Une autre pièce imprimée, que m'a communiquée M. Lebastier de Téméricourt, est intitulée :

« Récit véritable de ce qui s'est fait à l'entrevue du « prince de Condé avec M. de Longueville, au château « de Bouconvilliers, le 14 avril 1649. »

Il s'agit de la paix qui fut signée à cette date.

Bouconvilliers touche au terroir de Chars, il est probable que le pays était tranquille, puisqu'on le choisissait pour une entrevue entre les grands seigneurs chargés de négocier la paix.

§ 5. — De Luynes, De Créqui (1651-1706).

Le 13 septembre 1651, mourut Marie Séguier, fille de Pierre III Séguier, marquis d'O, et de Marguerite de la Guesle, épouse du duc de Luynes (3), Charles-Honoré

(1) Archives de la Commune.
(2) Archives de Rouen.
(3) Il s'était marié en 1641.

d'Albert, marquis d'Albert, duc de Chevreuse et de Marigny, pair de France (1). Il était par sa femme baron de Chars, de Bercagny, du-Bellay. On le voit figurer en cette qualité dans les archives de la fabrique, où il prend avec les marguilliers de Saint-Sulpice un arrangement par lequel ceux-ci lui cèdent divers droits seigneuriaux, 1662 (2).

Il vendit, en 1666, aux hospices de Paris, la ferme du Bois-Franc, et une partie de celle de Bercagny, ainsi que celle du Bellay, en s'en réservant toutefois les droits honorifiques (3).

En 1664, il avait présenté un chapelain à l'archevêque de Rouen, pour la chapelle de l'Hôtel-Dieu (4).

En 1669, nous le voyons encore prendre le titre de *baron de Chars,* et agir en cette qualité (5).

C'était un homme doux, tranquille et aimant peu le monde, il préférait l'étude et la retraite à tous les avantages que lui promettait sa naissance. En effet, il était l'unique fils du fameux connétable de Luynes. Il était né en 1620.

Nous avons vu tout à l'heure qu'il était pair de France; comme chef de famille, il fut nommé grand fauconnier en 1643, et chevalier des ordres du roy en 1661. C'était aussi un ami du grand Arnaut, et des jansénistes de Port-Royal. C'est à lui que furent adressés, en 1655, les deux fameuses lettres de celui-ci, sur le refus des sacrements, fait à M. de Liancourt, par le curé de de Saint-Sulpice.

(1) Il existe du duc de Luynes et de Marie Séguier, sa femme, un portrait gravé par Daret, et contemporain; Daret mourut en 1675.
(2) De Luynes, *écartelé aux 1 et 4 d'or, au lion couronné de gueules, aux 2 et 3 de gueules à 9 macles d'or.*
(3) Papiers de la ferme.
(4) Archives de l'Hôtel-Dieu de Chars.
(5) Terrier du fief des Essarts, à Chars.

Il habita peu le château de Chars, il aimait mieux celui de Vaumurier qu'il avait fait bâtir près de Port-Royal, pour être plus près de ses chers solitaires. Peut-être est-ce à cette amitié qu'il faut rapporter les quelques débris de cette célèbre abbaye, qu'on trouve encore dans les environs de Chars, notamment un Christ dans l'église de Liancourt. Mais à partir de son second mariage avec Anne de Rohan, qui était à la fois sa tante et sa filleule, cette amitié se refroidit. Il vendit la terre de Chars pour payer les dettes de son fils (1), et mourut en 1690.

C'était un écrivain ascétique, on a de lui divers ouvrages, tous de piété ou sur la religion. Nous n'en donnerons pas la liste, assez longue, qu'on trouve du reste dans la *Biographie* des frères Michaut, nous citerons seulement le livre intitulé : *Des devoirs des seigneurs dans leurs terres suivant les ordonnances des rois de France,* Paris 1668.

Mais les affaires du duc de Luynes s'étaient embrouillées (2). Nous venons de voir qu'il s'était déjà défait de la terre du Bois-Franc (1666). En 1672, un jugement, rendu à la date du 17 juin, ordonna la vente de la terre de Chars, « saisie sur le duc d'Albert, à la requête de « François du Mesnil-Jourdain, seigneur de Berca- « gny (3). »

A la famille de la Guesle et à ses alliances, noblesse de robe, va succéder une illustration militaire ; cette même année, le 17 septembre, la terre de Chars est adjugée au maréchal de Créqui (4).

(1) Du premier lit.
(2) On conserve au Musée des Archives, à Paris, une lettre du duc de Luynes où il est question de la vente de la terre de Chars.
(3) Archives nationales à Paris.
(4) Archives de Versailles.

Créqui haut baron
Créquier, haut renom

Ou bien :

A Créquy, Créquy le haut baron,
Nul ne s'y frotte,

telle était l'altière devise de cette famille (1).

En 1672, on voit figurer dans le terrier du fief des Essarts (2) : « François, sire de Créquy, gouverneur de Béthune, de la Lorraine et du Barrois, général des galères de Sa Majesté, et lieutenant-général des mers du Levant. » Il était maréchal de France depuis 1668, et devint à cette époque (1672) : « marquis de Marines et *baron de Chars*, seigneur de Giraucourt, Frémécourt, Bréançon, le Rosnel, et autres lieux. »

En 1673, il fait acte de présentation d'un chapelain à la chapelle Saint-Jean de l'Hôtel-Dieu de Chars, droit qui n'appartenait qu'aux seigneurs du lieu, et pour lequel, par parenthèse, ils bataillaient depuis des siècles avec l'abbé de Saint-Denis, mais pacifiquement, à coups de procès.

Le maréchal de Créqui fit encore acte de présentation en 1680, 1683, 1686 et en 1687 (3). Les habitants de Chars n'osaient intenter de procès au vainqueur de la Lorraine et de l'Alsace (4); et puis il y avait parmi ses titres, un surtout, celui de général *des galères*, qui pouvait donner à réfléchir aux plus malins.

François de Créqui, fils du premier maréchal de Créqui, mort en 1638, et de mademoiselle de Bonne de Lesdiguières, fut un rude homme d'épée. Ce fut lui qui

---

(1) Crequy, *d'or au créquier de gueules.*
(2) Archives de la commune de Chars.
(3) Archives de l'Hôtel-Dieu de Chars.
(4) Voir plus loin au chapitre de l'Hôtel-Dieu, le procès de la Guesle, dont il a déjà été question sommairement.

alla, en 1665, chercher à Rome le cavalier Bernin que Louis XIV faisait venir pour achever le Louvre ; on sait ce que fit cet artiste, ses plans ne réussirent pas, et le Louvre fut achevé par Perrault, qui édifia la fameuse colonnade.

Le marquis de Créqui entra au service en 1640. En 1651 et 1656, il servait sous Turenne ; en 1668, il fut nommé maréchal de France, en 1669, il commanda l'armée du Rhin, en 1674, il refusa, par jalousie, dit-on, de commander en second après le maréchal de Turenne, et aima mieux s'engager sous ses ordres comme simple volontaire.

En 1675, il eut le commandement d'entre Sambre et Meuse et prit Dinant (1). Sur ces entrefaites Turenne vint à mourir : alors le maréchal de Créqui put commander en chef sans conteste, étant le plus ancien des maréchaux. La même année, il fut battu au pont de Consarbrück ; à l'occasion de cette défaite, le prince de Condé dit: « Il ne manquait plus que cette disgrâce au maré- « chal de Créqui pour le rendre un des plus grands gé- « néraux de l'Europe. » Manière délicate de le consoler de son échec.

En 1677, Créqui prend sa revanche : il battit le prince Charles de Lorraine dans plusieurs rencontres, et termina la campagne par la prise de Fribourg. Elle fut suivie de la paix de Nimègue (1678), dont Louis XIV dicta les conditions.

C'est dans cette campagne que de Créqui ayant pris Kehl, et Strasbourg ayant eu des velléités de résistance, il lança, de ce fort, un boulet contre la cathédrale, pour

(1) Ville de Flandre où l'on fabriquait les *dinanderies*, grands plats de cuivre jaune avec des ornements travaillés au marteau en repoussé.

exprimer son mécontentement. Ce boulet alla frapper dans la galerie au-dessus du chœur : le mur le renvoya à soixante pas ; l'évêque fit, depuis, entourer la place d'un cercle noir, avec une inscription en langue allemande qu'on lit encore de nos jours.

Cette campagne du maréchal lui fit le plus grand honneur et fut considérée comme un modèle de tactique militaire : des gravures nombreuses en perpétuèrent le souvenir ; une d'elles, que je possède, est intitulée : « *Devises sur Strasbourg soumis.* » Au milieu est une vue de Strasbourg ; autour, sont quatre médaillons. Le premier représente la foudre qui sort d'un nuage, avec cet exergue : « *Solo fulgure terret.* » Le deuxième un roseau courbé par le vent avec la devise : « *Vitat curvatâ fronte ruinam.* » Le troisième une éclipse de soleil qui finit, avec cette devise : « *Aspectu reddita lux est.* » Et le quatrième un mousquet qui fait feu, avec l'inscription : « *Minis est promptior ictus.* » Ces devises font évidemment allusion au fait que je citais tout à l'heure.

En 1679, il prit le commandement de l'armée du Bas-Rhin, et battit deux fois, près de Minden, l'électeur de Brandebourg. En 1684, il prit la forteresse de Luxembourg après 24 jours de tranchée ouverte ; il mourut enfin le 4 février 1687, à l'âge de 63 ans.

On lit, dans les lettres du comte de Bussy, qu'il trouva sa destinée courte, et qu'il était colère « contre cette « mort barbare qui, sans considérer ses projets, ni ses af-« faires, venait ainsi déranger son escabelle. » Son oraison funèbre fut prononcée par de Brassac, aumônier du roi, et imprimée à Grenoble cette même année 1687, in-12.

Il avait eu pour élève le futur maréchal de Villars, auquel, en le voyant monter avec bravoure à l'assaut du fort de Kehl, il prédit sa grandeur militaire.

Il existe, du maréchal de Créqui, un portrait contemporain, gravé par Larmessin.

Ce maréchal de Créqui, membre illustre d'une famille déjà célèbre, eut, au jugement de Voltaire, la réputation d'un homme qui devait remplacer le maréchal de Turenne.

Le duc de Saint-Simon le place au nombre des familiers de Louis XIV, et trace son portrait en peu de mots : « Homme dont la vie était tout occupée de bonne chère, de plaisirs et du plus gros jeu. » Son fils fut le dernier seigneur de ce nom (1), mais il mourut en 1702, et la *baronnie de Chars* passa à Catherine de Rougé, sa mère, veuve du maréchal de Créqui.

Mentionnons aussi à ce propos un souvenir de madame de Sévigné. Elle parle de ce fils dans ses lettres et cite le couplet suivant qui courait la cour et les courtisans :

> Si j'avais la vivacité
>> Qui fit briller Coulanges,
> Si j'avais aussi la beauté
>> Qui fit régner Fontanges ;
> Ou si j'étais comme Conti,
>> Des grâces le modèle,
> *Tout cela serait pour Créqui,*
>> Dût-il m'être infidèle.

La maison de Créqui, qui posséda la baronnie de Chars pendant près de la moitié du XVIIe siècle, est une des plus anciennes familles de France ; elle était originaire de l'Artois, et tirait son nom du petit village de *Créqui*, près de Fruges (Pas-de-Calais). Elle remonte au IXe siècle (2).

---

(1) De la tige principale, celle des Créqui-Lesdiguières.
(2) Selon La Chesnaie-Desbois. — M. Rochas, dans sa *Biographie des Hommes célèbres du Dauphiné*, Paris, 1861, rattache à cette province l'origine de la famille de Lesdiguières, qui était une des principales ascendantes du maréchal.

Le créquier, qui figure dans ses armes sous la forme d'un arbre à sept branches, est une sorte de prunier ou de cerisier sauvage qui croît dans les haies de Picardie, et qui porte des petits fruits rouges appelés *crèques*.

On sait que la maison de Créqui soutint, dans le cours du XVIIIᵉ siècle, un procès contre une famille, celle des *Lejeune de Créqui*, à propos de ses armoiries ; elles étaient toutes les deux pareilles, sauf que les Créqui portaient le créquier *arraché*, c'est-à-dire avec trois racines, et que les *Lejeune* en portaient un qui n'avait pas cet appendice.

En 1692, le curé, au nom de la maréchale de Créqui, passe un bail du moulin de Chars (1).

En 1701, Catherine de Rougé, veuve du maréchal de Créqui, *baronne de Chars*, et autres lieux, nomme un administrateur à l'Hôtel-Dieu (2).

En 1705, elle nomme le sieur Lemoine, chirurgien de l'hospice (3).

§ 6. — DE RUVIÉ, DE GOUY (1706-1793).

En 1706, nous voyons apparaître, comme *baron de Chars*, un homme qui avait eu une fortune singulière. Si l'on en croit la tradition, c'était un simple maréchal-ferrant, habitant un village de Bourgogne. Or, il paraît que Louvois, ministre de Louis XIV, avait un cheval de prix, atteint d'une maladie à laquelle les vétérinaires de son temps n'entendaient rien, et Louvois y tenait beaucoup.

Un jour, on l'amena à ce maréchal pour le faire ferrer ;

(1) Archives municipales.
(2) Archives de l'Hôtel-Dieu de Chars.
(3) Archives de l'Hôtel-Dieu de Chars.

après l'avoir examiné : « Si monsieur de Louvois, dit-il, veut me le confier, je crois que je le guérirai. » On rapporte le fait à Louvois qui vient chez le maréchal, et lui promet de l'anoblir s'il y réussissait. Peut-être Louvois ne croyait-il pas s'avancer beaucoup en faisant une telle promesse. Quoi qu'il en soit, il paraît que le cheval guérit, et que Louis XIV tint la promesse de son ministre.

M. de Rivié obtint aussi de Louvois une fourniture de chevaux pour l'armée, où il gagna beaucoup d'argent, protégé qu'il était par le ministre tout-puissant, et ce fut là l'origine de sa fortune et de sa noblesse.

Pihan de Laforest (1) raconte cette anecdote d'une manière à peu de chose près la même. Selon lui, M. de Louvois, allant en Flandre, un de ses chevaux se déferra. Pierre Rivié se présenta pour le referrer ; Louvois le fit causer, lui trouva de l'esprit, lui ordonna de le suivre, et lui fit gagner beaucoup d'argent dans des achats de chevaux pour l'armée. Mais je préfère la première version comme venant du château de Marines.

Il ne se maria pas et transmit toutes ses propriétés à un fils de son frère, qui était resté simple chirurgien de village.

Sur ces entrefaites, il acheta des héritiers de la maréchale de Créqui et de divers autres les seigneuries et baronnies de *Chars*, de Marines, *du Ressons* (2), du Bellay, de Bercagny, de Brignancourt, de Santeuil, de Frémécourt, de Génicourt, de Gerocourt, de Livilliers, de Breançon, du Rosnel, du Ruel, du Fay, du Heaulme, de Liancourt, de Riquebourg, de la Neuville, de Bayaumont, de la Rivière, et de Neuilly-en-Chars.

Telle est la longue énumération de ses titres, que l'on trouve dans l'acte de foi et hommage que fit, en 1758, le

(1) Notes de M. Lebastier de Téméricourt.
(2) Voir plus haut le paragraphe concernant les d'Aumont.

seigneur de Neuilly au marquis de Gouy-d'Arsy, à l'occasion du mariage de ce dernier avec Yvonette de Rivié, petite-nièce de l'ancien maréchal Pierre de Rivié, comme nouveau seigneur du lieu. Cet acte est conservé en original aux archives de Chars. Ce mariage avait eu lieu en 1749.

Quelque temps après son avénement (1715), Pierre de Rivié demanda et obtint des lettres de terrier, et en fit dresser un qui est encore conservé en manuscrit aux archives de la commune de Chars.

Pierre de Rivié eut pour successeur, comme nous l'avons vu plus haut, son neveu, Etienne de Rivié de Riquebourg, que nous trouvons, en 1746 (1) : « chevalier, conseiller, secrétaire, grand-maître des eaux et forêts de France au département de l'Ile-de-France et Soissonnais, *baron de Chars*, » prenant part à la fondation du bureau de direction près l'Hôtel-Dieu de Chars.

Les armes des de Rivié étaient pour ainsi dire parlantes : ils portaient : *de gueules à une tête de cheval d'argent, entourée de pièces de 6 francs.*

La famille de Gouy-d'Arsy est originaire de Flandre, c'est la dernière qui posséda la terre de Chars ; elle clôt la liste de ses barons.

Louis de Gouy, seigneur d'Arsy, commença, comme nous l'avons vu, d'exercer la qualité de *baron de Chars*, en 1758. Il avait, paraît-il, pris en affection l'Hôtel-Dieu de Chars ; car, de 1758 à 1786, il présida toutes les assemblées hebdomadaires du bureau de direction, dont les procès-verbaux portent tous sa signature, et, quoique habitant Marines, il paraît qu'il venait tous les dimanches à la messe de Chars. Comme il était en procès

(1) Archives de l'Hôtel-Dieu de Chars.

avec les oratoriens de Marines ; on raconte qu'il faisait un détour chaque fois qu'il allait à la messe, pour passer en grand équipage devant leur couvent et les narguer.

C'était une dame à qui un coup de feu ne faisait pas peur, que sa femme Yvonette de Rivié ; car, dans son portrait, qui existe encore au château de Marines, elle s'est fait peindre en habit de chasse à basques, tenant son fusil de la main gauche et son chapeau à cornes de la main droite.

Louis de Gouy mourut avant la Révolution, il eut pour fils Marthe de Gouy, né en 1753. Mais celui-ci était né à Paris, il délaissa Chars, se fit représenter aux États de 1789 par Charles de Lameth (1) et se consacra tout entier aux intérêts de Saint-Domingue, où il avait de grandes propriétés et dont il fut élu député en 1789.

D'après les deux portraits gravés que l'on a de lui, l'un dans la collection Le Vachez, l'autre dans la collection Dejabin, Marthe de Gouy était : « colonel de cavalerie, lieutenant-général de l'Ile-de-France, grand bailly d'épée de Melun, maire de Moret et commandant général de la garde nationale de Fontainebleau. »

Je possède une pièce manuscrite intitulée : *Discours au Roy*, par M. de Gouy, bailly de Melun. C'est une sorte de pétition par laquelle il réclame, au nom des habitants de Fontainebleau, contre les dévastations et les pertes de récoltes que leur causaient les bêtes fauves de la forêt.

J'ai aussi entre les mains une pièce imprimée intitulée : *Première dénonciation faite à l'Assemblée nationale contre M. de la Luzerne, ministre de la marine*, par M. de Gouy, *au nom de ses commettants.*

____

(1) De Courcelles, *Nobiliaire universel*, Paris, 1822.

C'est un volume in-8° de 307 pages, qui contient la mention d'une foule d'actes d'arbitraire et de tyrannie exercés par ce ministre contre les habitants de Saint-Domingue ; elle est signée en outre de tous les représentants de cette colonie.

J'ignore ce qu'il en advint, mais je sais que dénonciateurs et dénoncés finirent par aller porter leur tête au fameux *razoir national,* comme on disait en style de l'époque. M. de Gouy fut guillotiné un peu avant thermidor ; la Révolution, comme Saturne, dévorait tous ses enfants. Ce fut lui qui finit la liste des barons de Chars. Disons tout de suite que la famille elle-même n'en périt pas pour cela, car un *de Gouy* habite encore aujourd'hui le château de Marines.

Les armes des de Gouy-d'Arsy sont : *L'aigle à deux têtes de sable, armé, couronné et lampassé de gueules, sur champ d'argent.*

§ 7. — Les fiefs, le tabellionnage, les rues, les moulins, la route, etc. (1793-1872).

Nous savons ce que le *razoir national* fit de la noblesse de France. Par la même occasion, la baronnie de Chars fut supprimée, et Chars devint une simple commune du canton de Marines, de l'arrondissement de Pontoise et du département de Seine-et-Oise.

A cette époque, on planta des arbres de la liberté dans toutes les communes. Chose singulière, il y en eut qui durèrent fort longtemps. Celui de Chars existait encore en 1825 ; à cette époque, il fut abattu et vendu 30 fr. C'était un *peuple* ou *peuplier;* il y avait un chêne planté à côté, cela faisait : *le peuple déchaîné*, c'est-à-dire ayant perdu les chaînes qui le retenaient en esclavage. Ce mauvais calembour m'a été affirmé avec le plus grand sérieux par M. François, ancien maire.

. Un autre arbre de la liberté fut planté en 1848, mais celui-là ne dura pas aussi longtemps : trois ans après, il fut abattu, vendu 3 francs et immédiatement scié en rondins pour brûler.

Nous avons vu plus haut que, le 23 janvier 1715, Pierre-Thomas de Rivié profita du désarroi inséparable de la fin d'un règne pour se faire octroyer des lettres de terrier, enregistrées à Pontoise le 28 du même mois. Il en fit faire le manuscrit. C'est un gros in-folio en deux volumes fort épais, qui contient les aveux et déclarations de tous les censitaires, ainsi que l'état des terres et fiefs mouvant immédiatement de la baronnie de Chars. Nous y avons largement puisé, comme on va le voir.

Ce sont :

La terre de Moussy-du-Quesnoy, appelée ci-devant Moussy-Barjot et anciennement Moussy-le-Perreux ;

La terre d'Ennery ;

La terre de Neuilly-le-Heaume ;

La terre de Sagy, ou le fief des Trois-Chevaliers ;

La terre de Courcelles-sur-Viosne ;

La terre du Bellay et les fiefs de Bois-Frand (*sic*), la Grippière et Crespy, dit des Portes, sis à Bercagny ;

Le fief de Sainte-Marie-Madeleine, sis au territoire du Bellay ;

Le fief de Neuville, sis au même territoire ;

Le fief de Neuvillette, dit Tillay, sis au même territoire ;

Le fief de la Garenne, sis au même territoire ;

Le fief des Essarts, sis au territoire de la baronnie de Chars ;

Le fief de l'Isle, sis au même territoire ;

Le fief de la Mairie, sis au même territoire ;

Le fief de la Chapelle-Saint-Blaise, sis au même territoire ;

Le fief de Commeny ou Communauté, autrement dit de Crépy, sis dans les paroisses de Commeny, Bercagny et les environs ;

Le fief d'Aumont, dit de Rouville, anciennement dit le fief des Jardins, sis à Boisgeloup, paroisse de Gisors,

Et quinze arpents, deux perches de terre en onze pièces, égrenées sur le territoire de la baronnie de Chars, au lieu dit la *Marette-Renaud* ou la *Pierre-qui-Tourne*, et sur les Groues, dont il a été rendu plusieurs foi-et-hommages en différents temps.

Le fief des Essarts était assez important : il appartenait aux religieuses de Sainte-Elisabeth-du-Lû, monastère de la règle de Saint-François, situé à Paris, en face le temple. De ce fief dépendaient :

Le fief de Banthelu ou Bantheleu ;

Le fief de la Touffe-Gennequin-le-Vicomte ;

Le fief d'Aumont, sis à Énonville ;

Le fief du Bois-Franc.

Plus divers autres fiefs et de nombreux droits et redevances, hypothéqués sur des biens sis à Chars. Leur longue énumération occupe un volume in-folio manuscrit, conservé aussi aux archives de la commune de Chars et qui équivaut au tiers à peu près des volumes du terrier de Pierre de Rivié. Ce volume est daté de 1669. Les religieuses vendirent ce fief en 1758 (1).

(1) Archives à Paris, carton S, 4691.

Le fief de *Bantheleu* ou *Banthelu*, dépendant du fief des Essarts, fut acquis, en 1568, par Jean de Neuville, seigneur de Bouconvilliers, d'Anne Boursier, veuve d'un bourgeois de Paris ; plus tard (1607), il passa à Jean Bochart, avocat au Parlement de Paris (1).

Voici encore la liste des établissements ou seigneurs étrangers qui possédaient, en 1715, des fiefs à Chars :

Les religieux Mathurins de Pontoise ;

La fabrique de Saint-Cyr (en Chars) ;

L'Hôtel-Dieu de Paris ;

Les Carmélites de Pontoise ;

M. de Jeufosse ;

M. Brunet, seigneur de Neuilly ;

La fabrique de Saint-Leu Saint-Gilles à Boubiers ;

La fabrique de Sainte-Marie-Madeleine au Bellay ;

La fabrique de Saint-Remy de Marines ;

L'église de Saint-Pierre de Brignancourt ;

L'église de Saint-Pierre de Santeuil ;

L'église de Saint-Maclou de Pontoise ;

L'église de Saint-Denys de Neuilly ;

Le monastère des dames de Sainte-Élisabeth, à Paris, devant le Temple ;

Joignons-y aussi les Feuillants de la rue Saint-Honoré, qui possédaient un fief à Bercagny (2).

Le revenu de la seigneurie consistait en champart, censives et autres droits seigneuriaux, en bois, deux moulins : l'un situé à Chars, c'est celui qui appartient actuellement à M. Bourrienne ; l'autre plus bas, sur la Viosne, à Noisement ; en prés et terres labourables, affermés, au siècle dernier, 1,400 fr. par an. De plus, le seigneur partageait la dîme avec le curé. Cette moitié de

(1) Archives du château de Bouconvilliers.
(2) Voir plus loin le chapitre de Bercagny.

dîme avait, paraît-il, été acquise des Bénédictins de Saint-Denys, d'où leur était resté la prétention de nommer à la cure du lieu, prétention qui donna lieu à de longs procès dont nous avons déjà parlé.

D'après un mémoire dressé, en 1698, par M. Phélippeaux, intendant, par l'ordre du duc de Bourgogne, la baronnie de Chars rapportait à la maréchale de Créqui 6,000 livres de revenu. Ce mémoire est manuscrit et appartient à M. Lebastier de Témèricourt.

Un tabellionage seigneurial était établi à Chars. Il est probable que les archives auront été brûlées en même temps que le vieux château, car les minutes qui sont encore déposées chez le notaire de Marines ne remontent qu'à 1595. Quoi qu'il en soit, voici une liste des tabellions ; ceux qui sont antérieurs à cette date ont été relevés sur les registres de la fabrique et le terrier du fief des Essarts :

1510	Jacques de l'Épinay.	1663	De l'Épinay.
1522	Dubruel.	1671	Videcoq.
1525	Guillaume Dubosset.	1672	Asseline.
1539	Louis Cueillemyn.	1713	Dechaumont (René).
1552	Jean Verbois.	1723	Dechaumont (Jacques).
1572	Simon Dechars l'aîné.	1735 à 1777	Bourdel.
1639	Jacques Dechars.		
1660	Charles Monstre.		

Il y avait à Chars, au XVIe siècle (1539), un prévôt de haute, moyenne et basse justice. En 1600, il y était encore ; mais, à partir du XVIIIe (1709), les arrêts ne sont plus rendus que par le bailliage, et le prévôt est à Marines (1). — La *justice* ou lieu d'exécution des arrêts se trouvait située sur le chemin de Moussy, près de la rue Taillepied (2).

(1) Archives de la fabrique.
(2) Terrier de 1715.

En 1631, un Jean *Dechars* était procureur à Chars ; en 1661, un autre *Dechars* y était prêtre, deux autres, tabellions, de 1572 à 1639 ; cette famille devait avoir de l'influence dans les affaires de la baronnie (1).

Au siècle dernier, on transféra à Marines le marché qui avait coutume de se tenir dans les halles : celles-ci étaient situées devant l'entrée du château (2). Ce marché se tenait tous les mercredis.

Voici d'anciens noms de rues de Chars, relevés sur le terrier de 1715 :

La Grande-Rue ou rue *de Gisors ;*

La rue *de Beauvais ;*

La rue *de la Fosse* ou *des Halles ;*

La rue, et la ruelle *Maubaril* ou *Montbaril,* ou *des Murailles,* près du moulin ;

La rue *de Clochard ;*

La rue *des Taille-Pied ;*

La rue *Vaussceré* ou *Vaussery ;*

La rue *de la Mutte ;*

La rue et le pont *Saint-Denys,* près l'Hôtel-Dieu ;

La Grande-Rue *de Neuilly ;*

La rue *du Pressoir ;*

La ruelle *Mauldit ;*

La rue *de Marines ;*

La rue *de la Brasserie ;*

La rue *du Buard ;*

La rue *de Saint-Cyr ;*

La rue *des Brations* et la ferme du même nom, appartenant au seigneur du lieu ;

La rue *de la Gloriette ;*

La rue *de la Cavée,* de Chars à Marines ;

(1) Archives de la fabrique.
(2) Terrier de 1715.

La rue *de la Cavée*, de Chars à Moussy ;

La ruelle *au Coq* ;

La rue *de la Cornouille* ;

La rue *aux Eaux* ou *aux Caux* (1) ;

La rue *de la Motte* (2) ;

La rue *Tremail* ou *Travail*, qui conduit à Brignancourt, à la chaussée du Moulin-à-Drap et au Four-à-Chaux.

Il y avait aussi les portes de *Pontoise*, de *Chaumont*, de *Gisors* et de *Saint-Cyr*.

On s'étonne quand on parcourt cette longue liste de noms de rues, et qu'on la compare à l'étendue actuelle du village. C'est que, depuis la Révolution et même avant, Chars a perdu beaucoup d'habitants au profit de Marines, qui est le chef-lieu du canton. Il faut dire aussi que, dans ce pays, les campagnes étaient beaucoup plus peuplées autrefois. M. Charpillon, juge de paix de Gisors, a parfaitement établi ce fait (3).

En 1728, Chars avait 123 feux et 314 habitants ; en 1738, selon le pouillé de Rouen, 45 feux de plus ; enfin, en 1789, il en possédait 180 selon M. Desjardins, archiviste de Versailles.

Il y avait dans la Grande-Rue, qui s'étendait depuis l'église jusqu'à la côte de Gisors, une hôtellerie appelée la Maison des Trois-Rois. Cette hôtellerie était située à côté de l'Hôtel-Dieu. Elle appartenait en 1709 à la fabrique, qui l'avait obtenue par suite de deux arrêts, l'un en 1689 et l'autre en 1695, en paiement d'une rente à elle léguée en 1654.

Il y avait encore trois autres auberges à Chars, toutes situées dans la Grande-Rue, qui était la principale du

(1) Il y avait un lieu dit l'*Épine-aux-Caux*, près de l'église et du chemin de Chars à Pontoise (terr. de 1715).

(2) Peut-être est-ce la même que la rue de la Mutte.

3) Gisors et son canton, les Andelys, 1867.

bourg avant l'établissement de la route de Paris à Dieppe (1). L'une d'elles était « la maison où pend pour « enseigne l'image de sainte Marguerite, » ou « logis de « sainte Marguerite, » qui appartenait au seigneur du lieu, et lui devait « 5 sols parisis, payables par chacun « an le jour de Saint-Remy, plus 2 sols 6 deniers pour « droit de four à ban (2). »

Noûs avons vu plus haut qu'en 1201 il était déjà question du moulin de Noisement ; au siècle dernier, il faisait partie d'un hameau véritable ; il y avait, selon le terrier de 1715, plusieurs maisons de cultivateur et deux moulins. Aujourd'hui il n'y en a plus qu'un, celui alimenté par la Viosne, et les maisons n'existent plus. On voit encore cependant quelques traces d'anciennes constructions près du moulin, à droite de la rue Taille-Pied, quand on va de Chars à Noisement.

Le deuxième moulin de Noisement était, je ne sais pourquoi, appelé le *Moulin-à-l'Huile* : c'était un chétif moulin, alimenté par le trop-plein de l'étang et situé à l'une des extrémités de la levée. Il tournait encore il y a cinquante ans, et tombait en ruines à l'époque où l'étang fut desséché, il y a environ quarante ans. Nous reparlerons du Moulin-à-Drap, situé un peu au-dessus de Noisement et dont la chute est maintenant perdue.

Le quatrième moulin, celui de Clochart, écart de la commune, formé du moulin et d'une ferme, est situé en amont du village, sur la Viosne. Il appartenait, au siècle dernier, à M. Brunet, seigneur de Neuilly et de *Clochart*, écuyer du roy, demeurant à Versailles. Du reste, il en est question dans des temps bien antérieurs, car en 1240 l'abbaye de Saint-Denis vend le moulin de Chars à Pierre

(1) Archives de la fabrique.
(2) Terrier de 1715.

de *Clochart* et sa femme Emeline, à Garnier de *Clochart*, et à plusieurs autres (1).

Enfin il y avait probablement un moulin à vent au lieu dit la « Vallée-Allemande » ou le *Moulin-à-Vent* (2). On voit qu'à Chars on ne courait pas le risque de manquer de pain, car cela fait, de bon compte, six moulins « faisant de blé farine. » C'était beaucoup pour une petite paroisse, et cela prouve, mieux que tout le reste, l'importance passée de la baronnie de Chars : il est aussi question en 1266 (3) du moulin de *Fossart* à Chars, mais j'ignore où il se trouvait, et si même il ne fait pas double emploi avec quelque autre.

En 1250, la ferme Saint-Denis, qui se trouve placée derrière l'ancien Hôtel-Dieu, appartenait à un Raoul de Marines (4). Depuis, elle a été dans la famille de Gouy. Elle appartient aujourd'hui à M. Bourgeois, maire. Nous avons vu que celle du Bois-Franc, qui est un ancien fief, avait été achetée en 1666 par les hospices de Paris, qui la possèdent encore aujourd'hui.

La route, en temps que route royale, ne date que de 1740. Le grand-père de M. Cochard, ancien cultivateur à Marines, se rappelait avoir vu creuser la cavée de Chars à l'âge de dix ans. Mais la voie elle-même est beaucoup plus ancienne, c'était, et c'est encore, le plus court chemin de Paris à la mer. C'était aussi le chemin pour aller aux eaux de Forges que fréquentèrent, pendant plus d'un siècle et demi, la cour et les seigneurs. A ce titre, Chars vit passer, de 1632 à 1635, Louis XIII, Richelieu et Anne d'Autriche, allant à ces eaux pour y

(1) Notes de M. Lebastier et cartul. manusc. de Saint-Denis à Paris.
(2) Terrier de 1715.
(3) Cartul. manusc. de Saint-Denis, aux Archives, à Paris.
(4) Papiers de la ferme.

rétablir leur santé. Anne d'Autriche, à la suite de plusieurs saisons, eut enfin Louis XIV en 1638. Ce roi lui-même alla plusieurs fois à la source fécondante (1), ainsi que ses successeurs.

En 1772, la duchesse de Chartres, depuis duchesse d'Orléans, alla aussi à Forges suivant le même chemin, et l'on prétend que le roi Louis-Philippe est un enfant de ces eaux.

Chars vit aussi passer Napoléon Ier allant visiter Forges, et Louis-Philippe se rendant au château d'Eu, ainsi que la reine d'Angleterre, en 1842.

Nous venons de voir que la route ne date que du règne de Louis XV ; auparavant la propriété de la comtesse de Rutant et celle du docteur Bonnejoy, qui ne sont séparées que par le talus de cette route, ne faisaient qu'un seul grand parc, c'était celui du château, et le chemin descendait par la Gloriette, une ruelle assez mal odorante (2) que l'on rencontre à droite et à gauche de la route, vers le milieu de la descente. On conçoit que, par des chemins pareils, le voyage ne devait pas s'effectuer rapidement.

En 1829 eut lieu un grand orage qui tomba en plein dans la vallée et le bassin de la Viosne. Il en résulta une crue extraordinaire des eaux; elles passaient d'abord par leur lit actuel, puis par la rue de l'Hôtel-Dieu et la rue du Moulin ; englobant ainsi le vieux château et quelques maisons voisines dans une sorte d'île. C'est que la rivière reprenait son ancien cours. On remarque, en effet, dans toutes les crues extraordinaires, que les cours d'eau qui, pour une raison ou pour une autre, ont été

(1) Voy. *Journal de la santé du roy Louis XIV*, publié par M. Le Roi, bibliothécaire de Versailles.
(2) Elle est aujourd'hui en partie assainie.

détournés ; reprennent alors momentanément leur précédente direction.

Une crue pareille, mais moins forte, eut lieu en 1853. C'est à une époque indéterminée, mais déjà ancienne, que l'on a dû détourner la Viosne pour faire une chute d'eau au moulin de Chars. Ce qui confirme mes conjectures c'est qu'on trouve, dans le terrier de 1715, la mention qu'il y avait un lieu dit : *l'isle sur la rivière de Viosne* borné d'un côté par la Grande-Rue, de l'autre par *les fossez du viel Château.*

A dater de l'établissement du chemin de fer, Chars vit s'arrêter tout à coup sa prospérité. Le relai de poste qui venait d'être vendu assez cher, vint à rien et fut supprimé, et Chars ne vit plus passer que quelques beurriers et des voitures de cultivateurs. Mais le chemin de fer est comme la lance d'Achille : l'établissement de la ligne de Paris à Dieppe, qui est, comme nous l'avons vu, le plus court chemin de Paris à la mer, et le choix de Chars comme tête de ligne du chemin de fer de Magny, lui rendront sans aucun doute son ancienne animation.

§ 8. — La fontaine d'eau minérale.

Lors de la fouille qui fut faite pour placer les fondations du pont qui est au bout de la rue de l'Hôtel-Dieu et qui donne accès au chemin de fer, on découvrit une source d'eau minérale sulfureuse analogue à celle d'Enghien ou de Pierrefonds. Du reste, il suffit de réfléchir que, partout où de l'eau chargée de sulfate de chaux rencontre de la tourbe, il y a double décomposition chimique et production d'eau chargée de soufre, or,

c'est ici e cas : l'eau, qui descend des hauteurs du côté
de Neuilly où se trouvent des carrières de plâtre, se rend
dans la vallée tourbeuse de Chars ; mais cette source est
à tout jamais perdue, recouverte qu'elle est par la ma-
çonnerie.

J'ai découvert, sur le bord de la Viosne, un peu plus
haut, et non loin de la gare, une autre source d'eau minérale, mais celle-ci est ferrugineuse. J'ai fait maçon-
ner, en terre glaise, un petit réservoir souterrain, d'où
elle sort, extrêmement limpide, par un tuyau de grès.

Elle donne un volume d'eau supérieur à celui de la
Reinette de Forges, à laquelle elle est analogue, soit environ 1,000 litres d'eau par heure (la Reinette en donne
900). Elle a une saveur fraîche, fort agréable, et un goût
et une odeur de fer, remarquable surtout lorsque l'on
sent les mains mouillées de cette eau, ou que le temps
est à l'orage.

Malheureusement, elle se trouble au bout de quelques
heures et n'est pas transportable, du moins à de grandes
distances ; il en est ainsi, du reste, de toutes les eaux qui
sont minéralisées par du crénate ou du sulfate de fer,
comme Forges, Passy, Gournay, etc. Néanmoins, on
peut la consommer, comme eau de table, à l'instar de la
Reinette, à Chars même ou dans les environs, pourvu
qu'on vienne la chercher peu d'heures avant le repas,
comme l'on fait à Forges même. L'usage, du reste, n'en
coûte pas un centime, ce qui ne gâte jamais rien.

La pierre sur laquelle elle tombe et le tuyau de grès
qui la conduit sont tapissés d'un enduit rouge vif qui
fait contraste avec sa limpidité, au surplus, aucun doute
ne me reste sur son efficacité, car elle a déjà guéri plusieurs personnes, et beaucoup de monde en font
usage.

Il y a encore une source d'eau ferrugineuse connue très anciennement à une petite lieue de Chars, dans le vallon de Saint-Cyr, écart de la commune de la Ville-tertre (Oise), celle-là coule de source, mais elle est mélangée à d'autre eau non minérale, et on ne peut la recueillir facilement, elle est connue sous le nom de la *Fontaine-Rouge.*

Je ferai remarquer à ce propos qu'il ne faut pas confondre les *suintements* d'eau ferrugineuse ou autre, qui tarissent pendant l'été, avec les véritables sources d'eau minérale, dont le débit ne varie pas, le caractère qui permet de les distinguer est précisément cette perpétuité de l'écoulement, qui les fournit en tous temps.

Lesdits *suintements* ne sont pas rares, surtout dans nos contrées, tandis que les véritables fontaines minérales, celles qui coulent de source, sont au contraire infiniment moins communes.

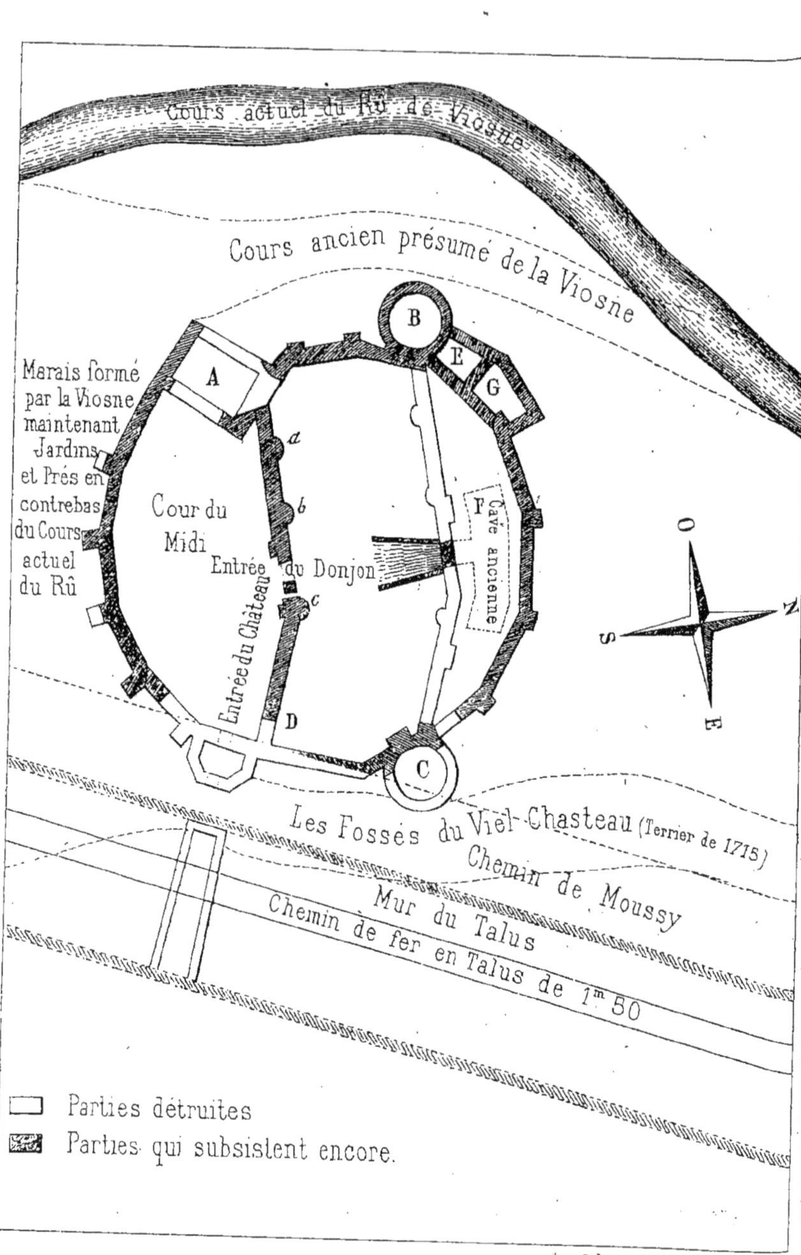

PLAN DU CHASTEAU-GAILLARD A CHARS

CHAPITRE III

Le vieux Château.

§ 1. — Les ruines.

Sur une petite éminence bien en vue du chemin de fer, au coudé que forme la vallée de la Viosne au moment où elle s'embranche avec le vallon de la Groue, s'élèvent les ruines du vieux château, commandant ainsi les trois issues de la vallée. C'était un donjon carré, plus long que large, inscrit dans un polygone légèrement ouvert sur un de ses côtés.

Les murs du donjon du côté nord et du côté sud, qui étaient les plus larges, forment chacun un angle très ouvert. On reconnaît encore, sur le mur du midi, la porte d'entrée surmontée d'une fenêtre et toutes les fenêtres du rez-de-chaussée et du premier étage, dont une d'entre elles a conservé toutes ses moulures d'encadrement, comme on peut le voir sur la planche d'entrée, qui représente l'état ancien du château. Une construction moderne est adossée à ce mur, sur la face extérieure. On voit encore aujourd'hui le mur de l'ouest. Celui-ci a conservé la hauteur de ses deux étages et présente trois pointes, restes de deux fenêtres. On n'y voit pas d'autres ouvertures.

Un appendice dont on ne peut pas bien juger la forme,

car il n'en reste que les fondations, A (1), fermait le polygone du côté du sud-ouest ; il fait un angle droit avec le pan coupé du donjon. Il n'avait évidemment qu'un rez-de-chaussée, car, sur ce qui reste de ce pan coupé, on trouve la trace d'une ouverture au premier étage. Peut-être était-il crénelé et défendait-il la porte d'entrée à laquelle il se trouve faire face ; il formait un des côtés de la cour du midi. C'est dans cette cour que se trouvait l'entrée du donjon et celle du château.

A l'angle nord du mur de l'ouest, se voient les fondations d'une tour ronde, B, de 3 mètres de diamètre. Elles sont ruinées à 2 mètres environ au-dessus du sol.

Le mur du nord est complétement démoli, on ne le retrouve que sous terre : la porte d'une cave extérieure F, située sous la cour du nord, est le seul vestige qu'on en voie. Cette cave a un soupirail qui donne dans le mur polygonal d'enceinte.

A l'angle nord-est, on aperçoit un pan de muraille couvert de lierre, qui semble avoir appartenu à une autre tour, C, flanquant le troisième coin du donjon. Quant au mur de l'est, il est complétement absorbé par l'alignement du chemin latéral à la voie ferrée, qui le coupe obliquement et n'en laisse voir que quelques pierres, de sorte qu'on est réduit aux conjectures quant à la manière dont la porte d'entrée se trouvait défendue.

On retrouve sur le mur du midi, outre les colonnes à demi-engagées, *a*, *b*, *c*, qui soutenaient les planchers, des traces d'incendie très manifestes. Nous en avons déjà parlé. La pierre calcaire est fortement rougie et profondément excavée en deux endroits.

- Les murs, de 2 mètres d'épaisseur au rez-de-chaussée,

(1) Voir le plan ci-contre et la planche qui est en tête du volume, à gauche.

sont moins épais au premier étage et encore moins au deuxième. Ils sont formés d'un blocage de pierres ramassées dans les champs et noyées, entre deux parois de pierres de taille, dans un bain de mortier. Ce mortier n'a pas l'air d'avoir été fait avec beaucoup de soin, car on y distingue encore des morceaux de chaux assez gros. Malgré cela, il est devenu si dur que c'est perdre son temps que de chercher à en extraire de la pierre ; c'est ce qui a sauvé jusqu'à présent ces ruines de la destruction.

Je ferai remarquer, à ce propos, que le prétendu ciment des Romains n'existe pas ; ou bien, comme au pont du Gard, ils n'en employaient pas du tout ; ou bien, comme dans nos climats, ils employaient simplement de la chaux et du sable de bonne qualité. C'est le temps seul qui a durci leurs mortiers et donné le change sur sa composition. Il en est de même ici, où nous voyons un travail assez grossier présenter une grande dureté et beaucoup de résistance aux outils.

Le mur d'enceinte extérieur offre un polygone régulier de six pans d'une part et de cinq de l'autre. La partie sud présente des contreforts bien plus avancés que celle du nord, sans doute à cause du marais formé par la Viosne, dans lequel le mur plongeait.

Maintenant c'est un jardin ; mais, au moyen âge, avant qu'on eût rehaussé le sol de la rivière pour faire une chute d'eau au moulin, c'était un marais. La construction du mur d'enceinte de ce côté ressemble à celle du donjon, excepté que, jusqu'à 1 mètre à peu près du sol, il est revêtu de pierres de grès que l'eau n'attaque pas. Une partie de ce mur est fortement inclinée, comme la tour penchée de Pise.

La partie nord du polygone d'enceinte ne présente que des contreforts à peine saillants, comme nous l'avons

5

dit ; de plus, un soupirail s'ouvre dans la face du milieu. Adossées au côté qui est immédiatement avant la tour du nord-ouest, on voit deux espèces de petites chambres carrées, E, G, dont je ne m'explique pas la destination ancienne. Elles servent de resserré pour les outils du jardinier qui habite la maison adossée aux ruines.

Il y a 24 mètres environ de A en D. Les faces du mur polygonal ont 3 mètres dans œuvre et 4 mètres à l'extérieur.

Le donjon de Chars a-t-il toujours été renfermé dans l'enceinte polygonale qui subsiste encore, ou bien y avait-il une basse-cour accolée sur sa face nord ? Aucun vestige ne reste qui puisse le faire supposer. Cependant le peu de saillie des contreforts de ce côté et ce soupirail de cave donnent à supposer que ce n'était pas là tout le château. Notons encore les deux petites chambres dont j'ai parlé tout à l'heure.

D'autre part, la tradition parle d'un gros mur longeant la Viosne ; mais ce mur ayant totalement disparu, il est impossible de dire s'il était ancien ou moderne, ni même de rien savoir sur sa direction. Une autre tradition fait s'étendre le château jusqu'à la route, qui en est éloigné de 30 à 40 mètres ; mais, je le répète, aucun vestige ne reste qui puisse faire supposer que la tradition dise la vérité.

J'ai exposé les raisons pour et les raisons contre, le lecteur jugera : pour moi, je m'en tiens à ce qui existe. Du reste, le château était bien complet avec son donjon carré, ses deux cours et son enceinte polygonale, et il était parfaitement en état de résister, ainsi fortifié, aux attaques des ennemis de toute nation.

Voici la description d'un château du XIIIe siècle, que je trouve dans Amans-Alexis Monteil (1), et qui pourrait

____

(1) Histoire des Français de divers états.

s'appliquer au château de Chars, en même temps qu'elle montre ce qu'était la vie de ces rudes hommes du moyen âge :

« Ce château était composé d'une seule tour carrée de 8 à 9 toises de côté entouré d'une chemise, sorte de mur circulaire qui servait à défendre les approches. A l'un des angles était accotée une tourelle, au bas de laquelle était une porte d'entrée. Dans la tourelle était un escalier tournant où ne pouvait guère passer qu'une personne à la fois, et qui servait pour monter aux deux étages de la grosse tour.

« Le rez-de-chaussée de cette tour servait d'écurie et de logement aux palfreniers qui couchaient sur la terre et la litière, à côté des bêtes. Au-dessous était un souterrain dont la moitié servait de cave et l'autre de prison.

« Le premier étage était occupé par le baron et sa famille ; il formait une seule grande pièce. Sur un côté, s'élevait une énorme cheminée ; sur deux autres, étaient dès fenêtres qui avaient d'énormes embrasures, et ne laissaient, même en été, pénétrer qu'un jour douteux.

« Au milieu, était disposé un lit circulaire qui avait 3 toises de diamètre et qui tournait, à l'aide de roulettes sur un pivot, de manière à se présenter successivement, par toutes ses faces, à l'ouverture d'un cabinet circulaire comme lui, qui l'entourait de toute part. Il était divisé en cases numérotées pour que chacun reconnût son numéro à l'heure du coucher.

« Les étages supérieurs servaient de grenier et de magasin aux provisions. »

Voilà, certes, une description que l'on peut parfaitement appliquer au château de Chars, tout y est, même la tourelle, la cave et les deux étages ; ce qu'on reconnaîtra, si l'on veut bien se reporter à la vue idéale qui est en tête du présent volume.

Nous avons vu qu'à la fin du XIᵉ ou au commencement du XIIᵉ siècle, l'histoire signalait déjà un certain Guillaume de *Cars* ou *Chars;* depuis, le château fut démoli, puis rebâti vers la fin du XIIᵉ siècle; c'est de cette époque que date celui dont on voit actuellement les ruines.

Du reste, le style des fenêtres, dont on voit encore une parfaitement conservée à l'intérieur du bâtiment moderne adossé à la façade, leurs voûtes en anse de panier surmontées d'une ogive en relief sur le mur, et surtout la disposition polygonale du mur d'enceinte, l'indiquent suffisamment.

Ce n'est que plus tard qu'on eut l'idée de battre les faces d'un mur d'enceinte à l'aide de tours ; peut-être est-ce même seulement du XIVᵉ siècle que date la tour du Nord-Ouest, car elle a bien l'air d'avoir été surajoutée ; ses murs ne paraissent qu'accolés à la façade du donjon et ne se relient pas autrement avec eux.

D'ailleurs le nom de *Château-Gaillard* qu'il porte dans la tradition, montre bien qu'il a été bâti à l'imitation du fameux château de Richard Cœur-de-Lion.

Le château de Chars n'a jamais eu l'importance des forteresses voisines, de Gisors, Chaumont ou de Saint-Clair-sur-Epte. Mais cependant, par sa position au milieu des marais formés par la Viosne, il était imprenable autrement que par la famine, moyen auquel aucune place forte ne peut résister.

Cela est surtout vrai pour un temps où, comme nous le voyons par la description du siége du Château-Gaillard aux Andelys (1), les assiégeants n'avaient d'autre moyen

______

(1) *Guillaume le Breton*, poème de Philippe-Auguste.

de ruiner les murailles, que de les miner en dessous,
puis de les soutenir avec des pièces de bois, auxquelles
ils mettaient ensuite le feu. On comprend qu'au milieu
d'un marais la chose n'était pas facile.

Les hauteurs qui avoisinent le château de Chars ne
furent redoutables pour lui qu'à dater de l'invention de
l'artillerie, la tradition, nous l'avons vu déjà, signale un
mamelon voisin comme ayant servi à l'établissement des
batteries qui ruinèrent le château, lors de sa destruction
vers 1591 ou 1592.

On trouve dans le terrier de 1715 la mention suivante,
relative à ces ruines :

« Item une maison et autres lieux, jardins et pré, le
« tout assis audit Chars, vulgairement appelé le *Vieux-*
« *Château*, tenant d'un côté la chaussée le long de la
« rivière, de l'autre côté la place *où étaient les halles*.
« Le tout clos et fermé de fossez et de ladite rivière. »

Mais cette mention ne nous apprend rien sur la question que nous posions tout à l'heure.

§ 2. — Les sires et les barons de Chars.

Quoi qu'il en soit, voici la liste des seigneurs de Chars.
Je ferai remarquer que les dates ne sont pas toujours
celles des naissances ou des morts, mais bien celles que
j'ai relevées sur des documents authentiques tirés, soit
des archives de l'État ou des départements voisins, soit
de celles de l'Hôtel-Dieu et de la commune de Chars,
très bien conservées par les instituteurs, j'ai puisé aussi
quelques renseignements dans les archives de la fabrique, que M. le Curé a mis à ma disposition.

LISTE DES SEIGNEURS DE CHARS.

1080 Guillaume de *Carz* ou *Chars*.

1104)
1105) Enguerrand de Chars.

1142 Girard de Chars.

1153)
1158) Osmont de Chars et sa femme Ehremburge.

1172)
1183) Thibaut de Gisors.

1201)
1205) Jean de Gisors.

1211 Pierre de Chars.

1220 Thibaut de Chars.

1221) Jean de Chars, *Miles*, exécuteur testamentaire de Jean de
1223)   Beaumont.

Vers) Thibaut de Chars, mari d'Ehremburge.
1235) Guillaume de Chars.
) Philippe de Chars, mari d'Emeline.

1244 Hugue de Chars, mari d'Ade.

1246 Pierre de Chars.

1248 Hugues de Chars, *Miles*.

1250 Guillaume de Gisors.

1306 Henri de Ferrière et Jeanne de Gisors.

1357 (6 juin) Regnault de Trie, dit *Billehaut*.

1357 (9 juin) Pierre 1er d'Aumont, chambellan des rois Jean
     et Charles V.

1394 Pierre d'Aumont, dit *le Hutin*, fondateur de l'Hôtel-Dieu.

1409 Pierre d'Aumont, porte-oriflamme.

1415 Jean IV d'Aumont, tué à Azincourt.

1415 Jacques d'Aumont, chambellan de Philippe le Bon.

1433 Pierre d'Aumont, vassal de la reine d'Angleterre.

1456 Jacques d'Aumont, fils du précédent.

1498 Pierre d'Aumont, chambellan du roi.

1521 Ferry d'Aumont, porte-oriflamme.

1521 Louis de Rouville, gendre de Ferry d'Aumont.

1548 Louis de Rouville, gouverneur de Dieppe.

1568 Louis de Rouville, le Huguenot, 7ᵉ du nom.

1586)
1592} Jacques de la Guesle, procureur du roy.
1605)

1625)
1638} Pierre Séguier, marquis d'O, comte du Soret.

1650 Marguerite de la Guesle, veuve du précédent.

1662)
1664} Le duc de Luynes, marquis d'Albert et de Marigny.
1669)

1672) François de Créquy, marquis de Marines, maréchal de
1687}   France.

1692) Catherine de Rougé, veuve du maréchal de Créquy.
1705}

1706 Pierre de Rivié.

1746 Etienne de Rivié de Riquebourg, grand-maître des Eaux
    et Forêts.

1758 Louis de Gouy, seigneur d'Arsy.

1793 Marthe de Gouy, député de Saint-Domingue en 1789,
    dernier baron de Chars.

Chars était une baronnie, dans l'ancien droit féodal ; on entendait par *baronnie* une terre possédée primitivement par le roy (Nous avons vu que Dagobert l'avait possédée) et donnée en raison de quelque service, mais toujours possédée par lui en chef.

Le titre de baron eut beaucoup d'éclat aux XIᵉ, XIIᵉ et XIIIᵉ siècles. On le donnait indistinctement à tous les grands du royaume, qu'ils fussent ducs, comtes ou évêques. Les princes du sang et les fils du roy le préférèrent souvent à celui de comtes ou de ducs. Charles II leur accorda pour couronne d'armoiries un cercle d'or avec six perles placées au bord. Aujourd'hui le titre de baron n'est plus qu'un titre honorifique conféré par le roy et inférieur à celui de comte.

CHAPITRE IV

L'Hôtel - Dieu.

§ 1. — Bienfaits des d'Aumont. — Administration. — La léproserie.

« Messire Pierre d'Aumont dit le Hutin, Chevalier, Chambellan du Roy, par acte passé par devant Richart de Vaily et Guillaume le Greffe, notaires au Chastelet de Paris, le 29 mai 1394, a donné et aumosné pour fonder un hospital ou Hostel-Dieu en la ville de Chars, pour héberger et vestier les pauvres mendiants et trespassants (les voyageurs) *les héritages ci-après déclarés, savoir.....etc. »*

Tel est le préambule de la charte de fondation de l'hospice de Chars, conservée aux archives municipales en double expédition, sur papier. Toutes deux sont d'écriture ancienne, du xviiᵉ siècle. Mais l'une évidemment plus vieille et très fruste, du xviᵉ siècle probablement. La plus moderne contient neuf feuillets, et l'autre seulement huit. Du reste, on voit au sens des phrases qu'elle est incomplète. Elle contient sur les marges des notes relatives aux bienfaits des d'Aumont, précieuses pour établir la suite des sires de Chars, et qui paraissent se rapporter à un procès de préséance ou de présentation.

Il y avait très anciennement à Chars une léproserie, car dans le journal d'Eude Rigaud (1) on trouve la men-

(1) *Regestrum visitationum* de 1248 à 1269, publié à Rouen chez Lebrument, par M. Bonnin, p. 684, fᵒ 376.

tion suivante parmi les prêtres qu'il nomma en 1261 :

« M CC LXI. — *Ordines celebrati in monasterio fra-*
« *trum minorum Rothomagensium. Sabbato ante festum*
« *beati Thomæ apostoli. — Presbyteri..... Joannes, ad*
« *Capellaniam leprosariæ de Chars.* »

On sait que Hugues Capet avait, par une ordonnance
(1033), prescrit que quiconque voudrait porter le titre de
comte, vicomte, baron ou châtelain, devait avoir ville
close, abbaye ou prieuré, aumônerie ou maladrerie. Ce
qui prouve, par parenthèse, que nos rois avaient souci
du bien-être de tous leurs sujets.

On vit alors les seigneurs qui s'étaient emparés, pendant les guerres, des biens du clergé, les restituer, fonder ou doter des monastères, des maladreries, afin de
pouvoir décorer leur nom d'une qualification nobiliaire.
C'est probablement à cette époque, en même temps que
la fondation du premier château, qu'il faut faire remonter la fondation de cette léproserie ou maladrerie.

Remarquons aussi que c'est probablement à un fait
de cette nature qu'il faut attribuer la restitution de
Walbert de Boury, dont nous avons parlé au commencement de ce travail.

Mais cette léproserie resta toujours distincte de l'Hôtel-
Dieu ; ce qui le prouve, c'est un arrêté du cardinal Duperron (1) par lequel il défend aux lépreux de Chars de
demander de l'argent pris sur le revenu de l'autel de la
Maladrerie (le canton où se trouve le cimetière actuel),
vu qu'il ne se monte qu'à 40 sous, et qu'il suffit à peine
pour son entretien et la réparation du toit. Cette pièce
est datée de 1612.

(1) Archives de la fabrique.

Ce cardinal Duperron est le même qui alla, en 1595, à Rome pour solliciter l'absolution de Henri IV à l'occasion de son abjuration : une gravure du temps, que je possède, le représente aux pieds du Saint-Père accompagné du cardinal d'Ossat, et recevant les coups de verge pénitentiels qu'avait mérités Henri IV. Singulière manière de faire pénitence par procuration. Cette gravure porte la date du 23 septembre 1595. Il avait été fait évêque d'Evreux dont dépendait l'autel de la Maladrerie.

On trouve dans le pouillé de l'archevêque de Rouen (1738) qu'il y avait à Chars une chapelle de Saint-Blaise, appartenant à une ancienne léproserie qui, vers le milieu du XIIIe siècle, était à la nomination alternative de l'évêque et du seigneur ; en 1738, elle est réunie au couvent des Trinitaires de Pontoise ; en 1728, son revenu montait à 100 livres (1). Notons aussi que, dans le terrier de 1715, il est dit (2) que la chapelle Saint-Blaise est située proche le chemin de Chars à Gisors.

On peut dire que la maison d'Aumont fut la véritable fondatrice de l'hôpital, bien que Jeanne de Ferrière (1306) eût déjà entretenu un hospice à Chars. Il fut de tradition parmi tous les membres de cette famille, pendant le XIVe et le XVe siècle, de laisser en mourant quelque bien à l'Hôtel-Dieu. Outre Pierre le Hutin et Jeanne de Ferrière, voici ceux qui firent des libéralités :

Pierre d'Aumont, garde de l'oriflamme, en 1409 ;

Pierre d'Aumont, chambellan du roy, en 1433 ;

Pierre d'Aumont, son fils, qui lui succéda dans sa dignité de chambellan, en 1498 ;

Ferry d'Aumont, garde de l'oriflamme, en 1521.

Mais malheureusement Ferry d'Aumont étant mort

(1) Notes de M. Lebastier.
(2) Terrier de 1715, p. 97.

sans laisser d'enfant mâle, la baronnie de Chars passa, comme nous l'avons vu, dans la maison de Rouville dont un membre abjura le catholicisme, et les libéralités finirent.

Marguerite de la Guesle, marquise d'O, lui légua encore cependant 200 livres de rente en 1638, mais ce fut tout. Du reste, l'Hôtel-Dieu de Chars était riche : il avait en 1758, d'après les comptes du receveur, plus de 2,000 livres de rente.

Il possédait les dîmes de Bréançon, de Moussy, des biens à Fresne, une maison à Pontoise, des prés et des bois à Chars, sans compter les attributions et les redevances en nature. Après la conversion en rentes qui se fit à la Révolution, en 1807, il avait encore à peu près le même chiffre. Enfin le bureau de bienfaisance actuel, qui a hérité de toutes ces libéralités, compte environ 3,000 francs de rente.

Les bâtiments de l'ancien Hôtel-Dieu sont situés dans la rue de l'Eglise, au coin de la ruelle Saint-Denys. Ils se composent d'un corps de bâtiments à un rez-de-chaussée, surmonté d'un grenier, situé au fond d'une cour et long d'environ 30 mètres. Ils sont maintenant habités par les Sœurs d'école. Ce sont les mêmes qui furent bâtis en 1568 par Louis de Rouville le huguenot. Ils comportaient, d'après un inventaire fait en 1680, quatre lits pour les malades et trois pour les voyageurs.

L'Hôtel-Dieu était desservi par une dame directrice, deux filles et une servante : il y avait en outre un chapelain attaché à une chapelle placée sous le vocable de Saint-Jean l'Evangéliste. A cette chapelle était dévolu un traitement fixé, par un arrêt du roy Charles IX en 1561, à 140 livres par an. Le chapelain était nommé par l'archevêque de Rouen sur la présentation du seigneur du lieu (1).

La chapelle Saint-Jean existe encore aujourd'hui, elle sert d'école aux Sœurs. Le mur du fond, du côté de la ruelle Saint-Denys, est couvert de sculptures en arabesques assez jolies; il est élevé de quatre colonnes qui supportent un entablement fort orné. Malheureusement ce mur, qui formait le côté de l'autel, se trouve hors de l'alignement donné par le chemin de fer, et il faudra qu'il disparaisse à un moment ou à l'autre.

L'hospice était administré par trois administrateurs nommés par le seigneur du lieu depuis 1433, et choisis parmi les hommes honorables de la baronnie de Chars, du moins jusqu'en 1706.

Le service médical était fait par un médecin nommé par le seigneur. En 1705, la maréchale de Créqui nommait le sieur Lemoine comme « chirurgien pour soigner les malades de l'Hôtel-Dieu, moyennant 8 livres 6 sous 9 deniers, plus 3 septiers de blé par chacun an (2). » Aujourd'hui le bureau de bienfaisance alloue 200 francs par an au médecin chargé de ce service : c'est à peu près l'équivalent.

§ 2. — Le procès de la Guesle (1611-1630). — Le bureau de direction (1746-1786). — La Terreur (1793).

Il paraît que dans la première moitié du xviiᵉ siècle, il y avait souvent des conflits d'attributions entre toutes ces autorités, car, en ce temps-là, ce ne furent que procès. Les minutes volumineuses en sont encore conservées aux archives de l'Hôtel-Dieu, c'est un gros cahier in-folio

(1) Archives de l'Hôtel-Dieu.
(2) Arch. de l'Hôtel-Dieu ; dipl. sur parchemin.

sur parchemin, écrit de cette écriture illisible particulière à la chicane de ce temps-là. Heureusement qu'elles
ont été inventoriées plus tard, et que, sur les chemises,
il y a des résumés parfaitement faciles à lire.

Les hostilités débutent par un arrêt de 1611, qui casse
une dame Dupuy, religieuse, laquelle avait apporté des
entraves à la gestion d'un administrateur nommé Sauval.

En 1624, une Sœur du couvent des Annonciades de
Gisors, nommée de Trocy ou de Trossy, vint prendre
possession de l'Hôtel-Dieu de Chars, en qualité de directrice, soutenue qu'elle était par la dame de la Guesle,
femme séparée de biens de Pierre Séguier, et fille du
procureur du roy, Jacques de la Guesle, dame de Chars.
Opposition faite par les admistrateurs et les habitants ; —
pourquoi, je n'en sais rien.

En 1625, la dame de la Guesle intervient, et est dé-
boutée par sentence du bailliage de Pontoise, 20 jours
après appel de cette dame à Paris, cet appel est re-
jeté.

En 1626, sentence au palais, à Paris, qui casse comme
attentat toute la procédure faite à Senlis et à Pontoise,
et retient la cause. Ceci était un succès obtenu par la
dame de la Guesle : nourrie dans *la chicane*, elle devait en
connaître les détours, et la fille d'un procureur général
ne pouvait manquer de réussir devant le parlement.

Deux mois après, en 1627, arrêt du Conseil du roy,
obtenu par les habitants de Chars, portant qu'on infor-
mera des alliances de la marquise d'O avec plusieurs
présidents au parlement de Paris, avec défense de pro-
céder au parlement à peine de nullité, les habitants de
Chars prennent leur revanche, et on voyait bien
qu'Henri IV n'était plus là.

En mars 1627, information sur ladite parenté, et en

septembre assignation donnée à la marquise d'O et à la religieuse de Trocy devant le Conseil du roy, par les habitants de Chars, qui, comme on le voit ne perdent pas de temps.

En 1629, arrêt du Conseil privé du roy, qui renvoie l'affaire devant le parlement de Rouen.

En mars 1630, assignation devant le parlement de Rouen, enfin, le 14 décembre de cette même année, arrêt qui maintient les habitants de Chars au droit d'administrer l'hospice, et à la nomination des administrateurs. On ne dit pas ce que devint la dame de Trocy, mais il est probable qu'elle aura quitté Chars à la suite de la perte de son procès.

Ceci, selon moi, et autant qu'on peut juger les choses à plus de 250 ans de distance, n'était pas conforme à l'équité, car enfin n'était-ce pas les d'Aumont, ancêtres de la dame de la Guesle, qui avaient doté, et richement, comme on l'a vu, l'Hôtel-Dieu de Chars. Mais ce qu'un arrêt a fait, un autre peut le défaire, nous le verrons bientôt.

En 1648, c'est le duc de Lesdiguières qui bataille, toujours pour la nomination des administrateurs. Les habitants, considérant que ces disputes les empêchent de veiller aux intérêts de l'hôpital, veulent y établir un bureau de direction, conformément à la déclaration de 1638.

Pendant la vie du maréchal de Créqui, les habitants de Chars le laissèrent nommer des administrateurs à sa guise, nous avons déjà vu qu'il était général *des galères du roy*. Il en nomma en 1673, en 1680, en 1683 et 1687 ; sa veuve en fit autant en 1701 (1). Mais après sa mort,

(1) Archives de l'Hôtel-Dieu.

la baronnie de Chars ayant été vendue à Pierre de Rivié, dont nous avons déjà parlé, il y eut encore de nouvelles contestations.

Cette fois, c'est le curé qui réclame le droit d'administrer l'hospice concurremment avec deux laïques ; un arrêt rendu en 1706 lui donne raison, et réduit la gestion des laïques à trois ans.

En 1746, nous voyons la fondation du bureau de direction : « entre Etienne de Rivié, grand maître des eaux et forêts, et Antoine Pons, curé de la greffe de Chars et administrateur de l'Hôtel-Dieu, il est convenu que le seigneur du lieu aura la préséance, et que le bureau sera composé du curé, de deux bourgeois, anciens marguilliers ou syndics, et du receveur (1).» A l'occasion de cette fondation, on fit un inventaire général des titres qui existe encore, du moins en partie, et qui m'a beaucoup servi dans la rédaction de cet article.

En 1758, Louis de Gouy d'Arsy devint baron de Chars par son mariage avec Yvonnette de Rivié ; nous avons déjà vu qu'on constate sa signature sur tous les procès-verbaux du bureau de direction jusqu'à sa fin.

Ce bureau cessa de fonctionner en 1786, j'ignore à quel propos, le registre et les archives sont muets.

Sur ces entrefaites arriva la Révolution, qui bouleversa toutes les positions. Cependant, une loi, promulguée en vendémiaire an V, maintint les hôpitaux dans la jouissance de leurs biens, et les sieurs Parmentier, Dupuis et Lucas, de *Chars*, Moutiers, de *Nucourt*, et Couturelle, de *Marines*, furent nommés administrateurs le 3 frimaire an V (2).

A cette époque de déchaînement de toutes les passions

(1) Acte de fondation sur les registres du bureau de direction.
(2) Archives de l'Hôtel-Dieu.

mauvaises, le vieux levain d'opposition s'était réveillé. Car on raconte encore aujourd'hui que les statues de Pierre d'Aumont et de Jeanne de Ferrière, que nous avons vus être les premiers fondateurs de l'Hôtel-Dieu, ne trouvèrent pas grâce devant les habitants de Chars. Ils les arrachèrent de l'église, où elles se trouvaient, les traînèrent dehors avec des cordes, et finalement les jetèrent dans *le grand trou*, espèce de gouffre de 3 mètres environ de profondeur formé par la Viosne. *Le grand trou* n'existe plus, les travaux du chemin de fer l'ont comblé en 1866 : il se trouvait à droite et un peu au-dessus du pont qui est au bout de la ruelle Saint-Denis ; de sorte que les deux statues sont maintenant ensevelies sous au moins quatre mètres de décombres, en supposant que leurs poids ne les ait pas fait s'enfoncer dans la vase tourbeuse qui forme le fond de la vallée.

On constate encore à Chars cette tradition qu'on retrouve aussi dans d'autres endroits ; à savoir que ceux qui prirent part à cette profanation doublement sacrilége moururent misérablement dans des souffrances aiguës, longtemps après.; cela m'a été affirmé par plusieurs paysans, leurs contemporains.

CHAPITRE V

L'Église.

§ 1. — Le vaisseau, les inscriptions.

L'église de la commune de Chars a été bâtie à diverses époques, le vaisseau principal et l'abside portent les caractères de l'architecture du XIIe siècle, des voussures et des ogives surbaissées à raies en zig-zag. Cependant, l'avant-corps paraît remonter un peu plus haut. Les chapelles basses, autour de l'abside, qui ont des fenêtres à style ogival flamboyant, et l'ancienne flèche remontent au commencement du XVe.

La tour, qui porte le cachet de la Renaissance, est située sur le côté droit ou oriental du vaisseau, dans l'angle de la croix. Elle porte, sur ses quatre faces, deux dates, 1562 et 1576, qui ne laissent aucun doute sur celle de sa construction. L'église a, comme toutes celles qui sont complètes, la forme d'une croix.

Nous avons parlé de flèche, il y en avait une évidemment au moyen âge sur le centre de la croix; d'abord, on y aperçoit encore les traces des cordes qui servaient aux cloches, puis on voyait encore les ruines de son soubassement avant la restauration actuelle; cela s'appelait la tour Saint-Nicolas. Il est probable que ce fut vers la fin du XVIe siècle, à l'époque de la construction de la tour actuelle, que la flèche fut démolie.

Lorsque l'on examine avec attention les murs de l'église, on voit qu'ils ont été ruinés en partie à une époque indéterminée ; le pilier de droite, notamment, est simplement polygonal dans toute sa hauteur, tandis que son symétrique est cannelé du haut en bas, les plinthes du bas ne sont qu'indiquées, etc.

On s'aperçoit aussi que les voûtes paraissent être restées longtemps découvertes, et dans la dernière restauration on a trouvé des traces anciennes d'un incendie dont j'ignore l'époque.

Nous avons dit tout à l'heure que l'église fut agrandie au XVe siècle ; c'est pendant la domination anglaise. Il est certain que les Anglais construisirent à cette époque beaucoup des églises d'alentour. Il paraît qu'ils se trouvaient bien dans ce pays, car ils ne négligeaient rien pour s'y installer confortablement. Nous avons vu plus haut que leur domination n'était pas trop exigeante, et le souvenir de leur séjour s'est conservé dans la tradition.

On sait [1] que, l'an 1172, Thibault de Gisors donna à l'abbaye de Saint-Martin de Pontoise la moitié de l'église de *Chars* et de la chapelle de sa maison.

Chars appartenait à l'abbaye de Saint-Denys, il était dans la mense abbatiale, c'est-à-dire que ses revenus servaient à l'entretien de l'abbé ; une bulle du pape Alexandre confirme toutes leurs possessions, entre autres le village de *Chartz* (villam de Chartio) en 1259 [2].

Plus tard, les seigneurs prétendirent au patronage, ils soutinrent cette prétention par de nombreux procès : en 1738, on lit dans le pouillé de Rouen : « *Chars*, litigieux entre le seigneur et l'abbé de Saint-Denys. »

[1] Archives de la Seine-Inférieure.
[2] Dom Doublet, *Hist. de l'abbaye de Saint-Denys*, Paris 1625.

On trouve dans le *Regestrum Visitationum*, dont nous avons déjà parlé, les passages suivants qui concernent le curé de Chars, en 1249 :

« II. KL. — *Julii, visitavimus decanatum de Mullento,*
« *apud* Chars *factum.....*
« *..... Invenimus quòd..... item presbyter de* Chars
« *infamatus est de quadam solutâ* (une veuve). *Nimis*
« *discurrit* (1). »

« XVII. KL. — *Julii. Ipsa die quam assignaveramus*
« *presbytero de* Chartio *ad purgandum se super vitio de*
« *incontinentie, de quo fuerat et erat graviter diffamatus,*
« *precipuè de* germana de Asneriis, *comparuit coram*
« *nobis. Verùm, quia secum adduxerat quosdam sacer-*
« *dotes minus ydoneos, utpote-tales qui de conversatione*
« *ejus et vita non potuerant plenam notitiam habuisse;*
« *eidem diem crastinum Assumptionis assignavimus ad*
« *purgandum se legitimè super premissis; ut dictum est,*
« *per sex presbyteros notos, et bonâ fame, et vicinos.*
« *Ipsa die pernoctavimus apud sanctam Katherinam,*
« *cum expensis nostris* (2). »

On voit que le dossier du curé de Chars, en 1249, était passablement chargé : babillage, paillardise, voilà son bilan. Il faut dire, à sa décharge, que beaucoup de ses confrères en faisaient autant. C'est ce qui ressort de la lecture, fort intéressante, du reste, de ce manuscrit qui, dans la pensée de son auteur, n'était pas destiné à la publicité.

On trouve dans Félibien (3) une version beaucoup plus

(1) Folio 18, page 39.
(2) Folio 18, page 40.
(3) Histoire de l'abbaye de Saint-Denys.

complète concernant Chars et son église. Selon cet auteur, le patronage de Chars était divisé en deux parties, dont l'une appartenait à Thibault de Gisors, l'autre à Thibault le Jeune. Ces deux seigneurs remirent chacun leur part entre les mains de Rotrou, archevêque de Rouen (1172), pour en faire don à l'abbaye de Saint-Martin de Pontoise. En 1177, Geoffroi, abbé de ce monastère, transporta le patronage entier à l'abbé de Saint-Denys ; mais celui-ci aliéna ce patronage et les droits seigneuriaux sur la fin du XVIᵉ siècle, en sorte que le droit de présenter à la cure appartenait au seigneur du lieu. Cependant, nous avons vu tout à l'heure que le pouillé de Rouen prétendait qu'il était litigieux.

Il y avait en 1560, dans le château de Chars, une chapelle Sainte-Anne qui était à la présentation du seigneur (1). Elle était placée dans le doyenné de Chaumont. Mais nous avons vu que Louis de Rouville abjura le catholicisme en 1568 et vint habiter le château. Il est probable qu'à cette époque la chapelle fut supprimée.

On trouve dans Dumoulin (2) une mention ainsi conçue : « *Sainte Catherine de Chars*, patron : le seigneur du lieu. » Cette chapelle est située dans le doyenné de Chaumont, j'ignore quelle elle est.

Enfin, il y avait encore à Chars la chapelle de l'Hôtel-Dieu et la chapelle Saint-Blaise de la Maladrerie. La petite chapelle qui existe aujourd'hui sur le sommet de la côte du Bois-Franc ne date que de 30 ans, et elle est le résultat d'un vœu.

Il y avait, dans l'église de Chars, une confrérie du Saint-Sacrement. Elle fut érigée en 1592 et fit approuver ses règlements en 1653. Elle avait, ainsi que la fabrique,

(1) Registres de l'archevêché de Rouen.
(2) *Géographie de la France,* Paris, 1767.

de nombreuses rentes, dont partie était payée en blé que l'on distribuait aux pauvres de la paroisse aux jours de fêtes et octaves du Saint-Sacrement, selon l'intention des donateurs (1).

La fabrique jouissait, au siècle dernier, de 1,050 fr. de rente, dont 100 fr. pour entretenir un maître d'école. Pareille somme avait été donnée par le curé Pasquier (1660) à l'Hôtel-Dieu pour l'entretien d'une maîtresse d'école (2).

En 1729, les vicaires étaient logés près de l'église. L'Hôtel-Dieu céda, à cette date, une maison pour cet usage (3). Le presbytère actuel appartenait au seigneur de Chars (4), il fut vendu en 1793.

En 1779, le cardinal de Larochefoucault, archevêque de Rouen, donne son approbation à un échange qui dégage l'église et agrandit le cimetière (5).

La cure de Chars dépendait de l'archevêché de Rouen et du doyenné de Meulan, l'église était placée sous le vocable de Saint-Sulpice.

Voici la liste des curés, relevée sur les registres de l'état civil, qui remontent à 1595. J'ajoute le premier d'après les archives de la Seine-Inférieure. (Voir plus loin Bercagny, § 2.)

1447	Guillaume Lygnée.	1703	De Goizalin.
1595	Nicolas Picart.	1714	Poitou.
1642	Baron.	1715	Ménard.
1650	Pasquier.	1719	Sauveplane.
1671	Pierre Léon.	1736	Pons.
1678	Besson.	1767	De Rouvroy.
1700	Duret.	1782	Guédé.
1702	Rouillon.	1787	Lucas.

(1) Archives de la fabrique.
(2) Papiers de M. Lebastier.
(3) Archives de la fabrique.
(4) Terrier de 1715.
(5) Archives du département, à Versailles.

Ce curé Lucas y était encore en 1793, mais plus heureux que beaucoup de ses collègues, il sut éviter le trop fameux *razoir*. Il reparut quand on rétablit le culte, et racheta le presbytère, qui avait été vendu comme bien national, pour en faire don à la fabrique. Il mourut en 1818 ; c'était un homme adroit, intrigant ; il passait pour avoir *le bras long*.

Il y avait, en 1793, une statue de la Vierge qui se trouvait scellée dans le mur sur un piédestal que l'on voit encore à gauche en entrant, derrière les fonds baptismaux. Il paraît qu'un nommé Leduc s'était rendu dans l'église avec une corde pour l'arracher et la briser. Or la statue résistait : « Elle ne viendra donc pas la s.... g....» s'écria-t-il ; au même instant, la statue céda et l'écrasa dans sa chute.

On voit, dans l'intérieur de l'église, la pierre tombale du curé Baron (1642), très bien conservée, puis celle d'un seigneur du xive siècle ; l'inscription et la date sont assez lisibles, quoique un peu effacés, et quelques fragments d'autres qu'il est impossible de déchiffrer.

Contre le pilier de droite, on remarque des traces d'excavations bouchées avec du plâtre ; c'est là qu'étaient les statues de Pierre d'Aumont et de Jeanne de Ferrière, qui furent enlevées en 1793. Une plaque de marbre noir scellée dans le mur, porte ce qui suit, que je reproduis avec ses fautes d'orthographe :

« *Cy-gist le cœur de haute et puissante princesse made-*
« *moiselle Jeanne de Ferrière, fille de monsr Godefroy*
« *de Bretagne, baron de Ferriere, lequel fust fils de*
« *Pierre de Bretagne, et petit-fils de Louis VIIIe Roy de*
« *Frace, surnomé le Batailleur. Elle fust fème de mon-*
« *sieur Jean d'Evreux. Haute et puissante dame Mar-*

« guérite de la Guesle, fème et espouse de messire *Pierre*
« *Séguier*, marquis d'O, comte du Soret, baron de Chars
« et du Bellay, vicomte d'Aumont, seigneur de Marigny,
« de Corber le Cerf, Lardière, Mareuel et de la Mothe, a
« en l'honneur de Jeanne de Ferrière, de laquelle elle est
« issue et descélue fait relever ce tobeau que l'ingure (sic)
« du temps avoit effacé. *Faict l'an 1628.* »

Si l'on veut bien se reporter au § qui traite de la dame
de la Guesle, dans le chapitre de l'Hôtel-Dieu, on verra
qu'à cette époque, elle était en procès avec les habitants de Chars pour une prérogative qui n'appartenait
qu'aux seigneurs du lieu ; elle le perdit : en attendant,
elle était bien aise de constater, sur le marbre, une parenté qu'elle n'avait que par les femmes et par alliance.
C'est pour cela que son mari prend ici le titre de vicomte
d'Aumont, mais il faut lui pardonner un petit mouvement
de vanité, car elle fut la première, depuis la fin des d'Aumont, et même la dernière des seigneurs de Chars qui
donna des biens à l'Hôtel-Dieu, et cela malgré la perte
de son procès.

Sur le même pilier, du côté opposé, est aussi scellée
une pierre qui porte l'inscription suivante :

« *A la plus grande gloire de Dieu*
« *les prestres de la congrégation*
« *de l'oratoire de la maison de Paris,*
« *près le Louvre, sont tenus après*
« *le décès du père Nicolas de Brolieu*
« *prestre de la mesme congrégation*
« *de faire faire chaque année une pe-*
« *tite mission par deux prestres du-*
« *rant onze jours alternativement*

« *une année à Chars et la suivante*
« *à Gouzangrez ou en quelqu'autre lieu,*
« *qu'en ces deux, selon le plus grâd*
« *besoin autour de Marines et sèlon*
« *l'ordre de M. le grand vicaire de*
« *Ponthoise ou de ses officiers, ainsi qu'il*
« *est plus particulièrement déclaré par*
« *un contrat passé p.-devant de Beaufort*
« *et du Biernes, no*res *au Ch*let *de Paris le*
« *XI aoust mil VI*e *LIII.*
« *et les peres de ladite maison seront*
« *aussi tenus de faire distribuer à chacu-*
« *ne mission, au lieu ou elle se fera dix*
« *francs en aumosnes en vertu d'un autre*
« *contract passé devant Gigault et Le-*
« *normand le XVI*e *d'aoust mil VI*e *LII.* »

Il fallait qu'on se méfiât bien des pères de l'oratoire du Louvre, actuellement l'oratoire des protestants, rue Saint-Honoré, pour qu'on les contraignît à faire ainsi l'aumône, par-devant notaire. Remarquons qu'à dater du XVIIe siècle, les fondations établies dans les églises sont toujours ainsi faites par le ministère des tabellions. Il y a une inscription toute pareille dans l'église de Gouzangrez.

On voit encore l'écusson des de Rivié peint sur le mur du côté droit, dans la *littre* (1). Il est reconnaissable quoiqu'un peu effacé, on y distingue parfaitement le fond de gueules et la tête de cheval d'argent. D'autres écussons pareils ont laissé des traces à l'extérieur au pied de la

---

(1) On appelait *littre*, une bande noire peinte à l'intérieur et à l'extérieur d'une église avec les armoiries du seigneur. Ici on la peut suivre très bien sur les murs et les piliers.

tour, mais on ne les voit pas très bien. Il y a aussi des
restes de peinture à fresque sur la voûte de la chapelle,
derrière le chœur.

On remarque, à l'une des clefs de voûte, au-dessus de
la chaire à prêcher, un espèce d'écusson sculpté en haut
relief. Il représente le mouton porte-bannière, emblème
de l'archevêché de Rouen, entouré par quatre rois cou-
ronnés et à mi-corps. Cette sculpture remonte évidemment au XIIe siècle, son style archaïque et sa position
l'indiquent.

Au-dessus du chœur, on voit l'écusson de France avec
une couronne de marquis. Les chapiteaux sont très
curieux; ils représentent des animaux fantastiques, un
mascaron coiffé d'un bonnet phrygien, des têtes grotes-
ques, etc. Il y a aussi un double cordon de pareilles têtes
à l'extérieur, tout autour du vaisseau principal.

Sur la cloche, qui est dans le clocher de Chars et qui
sert pour l'horloge en même temps que pour le service
du culte, se trouve l'inscription suivante, en lettres gothiques :

L'AN MIL V[cc] VI,

NOUS FUMES FAICTES PAR LES HABITANTS DE CHARS,

ET FUS NOMMÉE MARIE.

Le style de cette inscription semble annoncer que la
cloche n'était pas seule ; il y a du reste dans le bâtis qui
la supporte place pour quatre autres pareilles. Les vieillards se souviennent encore que leurs pères parlaient
avec regret, après 93, du carillon de Chars ; et on trouve
à Versailles, aux Archives, une plainte faite par le curé
Pons (1756) sur ce que les habitants sonnaient trop *les
cloches*. Cela n'avait rien d'étonnant, le son devait leur
en être agréable.

Il fallait que le bourg de Chars eût une certaine importance au XVIᵉ siècle pour que les habitants s'imposassent une pareille dépense. Nous avons vu qu'en 1506, c'était Pierre d'Aumont, chambellan du roy, qui était sire de Chars; il est probable que, ne dérogeant pas aux habitudes généreuses de sa famille, il aura voulu contribuer pour une bonne part à la dépense de ces cloches, dépense toujours assez considérable.

§ 2. — Ferrand et Mariette. — La restauration actuelle de l'église.

Sur le côté Est et extérieur de la petite sacristie qui est adossée à l'église du côté du sud, se trouve une tombe qui est oubliée, maintenant que le cimetière a été transféré ailleurs. C'est celle de Mariette.

Ferrand et *Mariette*, deux noms célèbres dans les annales du suicide. L'abbé du Bouclon a raconté leurs aventures dans un gros volume grand in-8° de 520 pages (1). Nous le résumerons aussi brièvement que possible.

C'était en 1836 ; un jeune homme nommé Ferrand, âgé de seize ans, employé dans un magasin, s'éprit d'amour pour une jeune fille de dix-sept, nommée Mariette, qui travaillait de son état de lingère dans un atelier voisin. Disons tout de suite que, jusqu'au dernier moment, cet amour fut toujours pur : le docteur Peyron, médecin de Marines, l'a constaté après la mort de Mariette (2).

Ces deux jeunes gens lisaient beaucoup de romans :

(1) L'abbé du Bouclon, *Ferrand et Mariette*, ou influence de la lecture des romans. Paris, 1847, chez Vrayet de Surcy.
(2) Ouvrage cité, p. 158 et 237.

on était alors dans la fièvre du romantisme. Ils en vinrent à croire à la réalité de ces récits mensongers et prirent au sérieux les déclamations creuses d'*Antony*. Sur ces entrefaites, les parents du jeune homme, qui avaient de l'ambition pour leur fils, le séparèrent de Mariette et lui déclarèrent qu'ils ne permettraient jamais qu'il la prît pour femme.

Ces deux jeunes gens résolurent alors de se tuer. Ferrand avait été élevé à Chars, il choisit cet endroit pour mettre son projet à exécution. C'était un lendemain de fête de Chars, le 28 août 1837 ; ils étaient venus en chaise de poste la veille au soir. Ils se rendirent à trois heures du matin au vallon de la Groue, et là, chargeant deux petits pistolets de poche, Ferrand ajuste Mariette ; mais sa main mal assurée ne fait que la blesser. Sur ces entrefaites, le jour était arrivé. Alors Ferrand essaie de se pendre avec sa manche de chemise et en se portant un coup d'un petit couteau de poche ; mais cette espèce de corde casse et il ne parvient à se faire qu'une blessure insignifiante : il veut alors se jeter dans la rivière, mais il n'y avait qu'un pied d'eau. On arrive et on les arrête tous deux.

Mariette ne mourut que le lendemain et fut enterrée à l'endroit que nous avons indiqué. Quant à Ferrand, arrêté et jeté en prison, il passa devant la cour d'assises le 16 mars 1838 et fut acquitté. Depuis il se fit missionnaire et l'on n'a plus jamais eu de ses nouvelles.

Déjà on avait en 1822, par un système de barres de fer, assuré la solidité des bâtiments de l'église qui menaçaient de s'écrouler, lorsqu'en 1868, le chemin de fer, par la trépidation qu'imprime à la tourbe de la vallée le mouvement de ses locomotives, vint de nouveau remettre en question la conservation de cet édifice. Mais le curé actuel, M. l'abbé Huan, ayant réuni un grand nombre de souscriptions ; la commune s'étant imposée pour une somme de 50,000 francs à payer en plusieurs années ; aidé, du reste, comme cela se pratique en pareil cas, par l'Etat, fit commencer les travaux.

Ils furent menés avec intelligence, et bientôt on fut rassuré. On commença par refaire entièrement deux des contreforts opposés de l'abside, qui, par une négligence incroyable, avaient été ôtés à une époque indéterminée ; enlevant ainsi au vaisseau une grande partie de sa résistance à la poussée des voûtes. Puis on refit à neuf, avec de la pierre dure venant de Lorraine, plusieurs piliers de la nef qui accusaient des signes d'écrasement.

On a aussi refait les murs de l'avant-corps et leurs contreforts, ainsi qu'une partie des voûtes des bas-côtés, enfin M. l'abbé Huan poursuit la restauration complète de l'édifice, restauration qui a été très peu arrêtée par la guerre. Il faut espérer que des travaux si bien dirigés assureront la solidité du vaisseau et lui permettront de braver autant de siècles que ceux qui se sont écoulés depuis sa fondation.

P. S. — Quand j'ai parlé des pierres tombales de l'église, j'ai dit qu'il y en avait deux principalement qui étaient assez bien conservées. Mais maintenant il n'en reste plus trace ; un ouvrier ignorant les a sciées et taillées en morceaux pour faire le pourtour du nouveau carrelage. On n'a conservé que les deux plaques dont j'ai donné le contenu. — *Tempus edax, homo edacior !*

CHAPITRE VI

§ 1. — La *Pierre-qui-Tourne*. — La butte féodale.

Quand on lit les guides, les itinéraires et même l'Annuaire du département de Seine-et-Oise, car ce n'est que dans ces sortes de livres que l'on peut trouver quelques mots sur Chars, on y voit signalé aux visites du touriste un monument druidique appelé la *Pierre-qui-Tourne*. Il va sans dire qu'ils se sont tous religieusement copiés les uns les autres.

Demandez à Chars à quelqu'un la **Pierre-qui-Tourne**, chacun vous l'indiquera; mais vous prend-il fantaisie d'aller voir ce vénérable témoin des anciens âges, vous n'apercevez rien que la plaine toute nue, pas la moindre apparence de monument druidique; seulement quelques moellons qui jonchent le sol à gauche du chemin de Magny, à un kilomètre environ du village.

C'est là tout ce qui reste aujourd'hui de la *Pierre-qui-Tourne,* car celle-ci a bien réellement existé. Seulement, il y a quelque vingt ans, un cultivateur, trouvant que l'éminence sur laquelle elle était gênait le labourage, la fit disparaître.

L'idéal d'un cultivateur est la plaine tout unie et toute nue, tout ce qui fait un creux : fossés anciens de circonvallation, excavations gallo-romaines, ou une bosse : éminences druidiques, tumulus gaulois, buttes féodales, etc., lui gâte la plaine, et, quand il le peut, il les supprime ; les arbres même et les haies ne trouvent pas grâce devant lui. Reste à savoir si la production d'une botte de paille de plus vaut bien le dommage qu'on fait ainsi subir à l'histoire du pays.

Donc la *Pierre-qui-Tourne*, minée par le bas, tomba et se brisa en cinq ou six morceaux. C'était un gros bloc calcaire, ce qui est assez rare dans ces sortes de monuments, surtout dans un pays où le grès est passablement commun. Elle avait environ 2 mètres de hauteur et 80 centimètres d'épaisseur et était percée de trous communiquant ensemble, de sorte que l'on pouvait y attacher un cheval.

Il est probable qu'elle avait été dressée sur place ; car, dans ce canton, le sol produit de pareilles pierres : elle était d'un grain très fin et tellement compacte, comparativement au calcaire du pays, qu'on en jugea les morceaux trop durs pour en faire des bornes pour les champs voisins. Disons aussi qu'on trouva au-dessous comme une terre noirâtre et charbonneuse.

Les pierres tournantes ne sont pas rares en France : ce sont ordinairement des blocs de forme grossièrement polygonale, placés en équilibre sur un de leurs angles ou sur une face étroite, et que la main fait facilement mouvoir. Nul doute que la pierre de Chars n'ait présenté ce phénomène dans l'origine. Mais, par la suite des siècles, l'angle s'était émoussé, et elle était simplement posée sur le sol. Du reste, celles de ces pierres qui tournent encore sont celles en granit, pierre dure que les intempéries n'attaquent pas ; mais celle qui nous occupe, étant en calcaire, on conçoit qu'elle ne tournât plus.

On rencontre encore souvent une tradition d'après laquelle, à minuit, la nuit de Noël, ces pierres faisaient un tour sur elles-mêmes et découvraient l'entrée d'un caveau contenant un trésor caché ; mais ici, cette tradition ne se retrouve pas.

Mais si la Pierre-qui-Tourne a disparu, du moins son nom est resté au *canton* où elle se trouvait. C'est une consolation ; et il est à remarquer que les *lieux dits* conservent ordinairement ainsi la trace des monuments, de toute nature, qu'ils comportaient. Leur étude attentive peut, de la sorte, servir à élucider bien des points douteux d'histoire locale.

Sur la croupe de la colline, de l'autre côté de la vallée, on remarque une butte circulaire de 3 mètres environ de hauteur et de 30 mètres environ de diamètre. Est-ce une butte féodale (1), est-ce un tumulus gaulois ? Je ne sais. Quand on interroge les paysans à son sujet, ils vous répondent que cette butte est *du temps des guerres*. D'autre part, elle est un peu écornée dans un sens, et le centre semble être fait de gros moellons jetés sans ordre. Peut-être est-ce à la fois l'un et l'autre, je laisse au lecteur le soin de trancher la question.

Aucune voie romaine ne traversait le territoire de Chars. Dans le voisinage, à quatre kilomètres environ, à Commeny et Gouzanguez, passe la voie qui se dirigeait de Paris à Rouen, par *Briva Isaræ* et *Petromantalum* : elle est dirigée en droite ligne depuis Pontoise (*Briva Isaræ*). On a détruit ses empierrements en divers endroits pour améliorer la route de Magny, qu'elle côtoie ; cependant il en reste encore des traces parfaitement reconnaissables. Ces empierrements avaient 4 à 5 pieds d'épaisseur sur la côte.

____

(1) On sait qu'on appelle butte féodale un petit monticule qui était surmonté d'un poste d'observation servant de sentinelle avancée.

7

§ 2. — Les triages. — Les autres monuments druidiques du pays
et des environs.

En continuant par l'étude des *triages* ou lieux dits de
la commune, nous trouvons dans la vallée, du côté de
Noisement :

Le Moulin-à-Drap. Aucun vestige n'en reste aujourd'hui. Pourtant, en 1543, un nommé Dubray était
« *pigneux* (sic) et cardeur de laine à Chars (1). » J'ignore
l'époque de la destruction de ce moulin ; cependant, il
est probable qu'elle remonte assez loin.

La Pierre-Muzoire, sur le plateau du côté dé Neuilly.
Les vieillards de Chars ne se rappellent pas y avoir vu
de pierre levée, ce qui prouve tout simplement que sa
destruction remonte à une époque déjà ancienne.

Le Buisson-Gilet. C'était un gros pied cormier d'épine,
qui se trouvait au milieu du canton de ce nom.

Le Gros-Grès. Même observation que ci-dessus.

La Haute-Borne. Celle-ci existe encore ; mais, évidemment mutilée, elle n'a pas, hors de terre, plus d'un
mètre de haut.

Je ferai remarquer que les *lieux dits Haute-Borne,*
qui sont très communs dans ce pays, et même en France,
désignent ordinairement des endroits où il y avait, soit
des monuments celtiques, soit des limites de territoire,
soit des colonnes miliaires romaines. Mais ici il ne
paraît pas qu'il y ait eu, soit l'un, soit l'autre, de ces
derniers objets ; elle est évidemment celtique.

Sur le plateau du *Bois-Franc* on trouve, paraît-il, des
tuiles à rebord et des fragments de constructions.

(1) Archives de la fabrique.

Sur le plateau de la *Grippière,* qui est plus au sud, et en face de la butte dont nous parlions tout à l'heure, il y a évidemment eu un village gallo-romain, car, en labourant, on a découvert un tombeau en pierre qui, dans ces derniers temps, servait d'auge dans une ferme. J'ai eu en ma possession un lacrymatoire de terre grisâtre qui en venait, et je possède encore une meule de dessous et un fragment de meule supérieure, en poudingue quartzeux, qui en proviennent.

A Romesnil, écart de la commune de la Villetertre (Oise), qui touche au terroir de Chars et à trois kilomètres environ de ce dernier village, il y a une pierre levée appelée la *Pierre-Frite.* C'est un grès allongé de 3 à 4 mètres de hauteur, il a 3 mètres de large et 1 mètre d'épaisseur. A côté, gît un autre gros grès plat qui paraît avoir été aussi dressé. Il présente à son sommet une cupule où s'amassent les eaux de la pluie.

Il y a encore une pierre levée au Fayel, écart de la commune de Boubiers (Oise), à côté de Bouconvilliers.

Enfin, à deux lieues et demie de Chars, se dresse la montagne de *Montjavoult* [mons Jovis] (Oise) qui est le point le plus élevé dans un rayon d'une vingtaine de lieues autour de Paris. Au sommet, s'élève une église dont le portail est, dit-on, celui de l'ancien temple de Jupiter. Du temps des Gaulois, cette hauteur formait un lieu consacré ; comme tous les points élevés du reste, et tout autour, rayonnaient un grand nombre de dolmens, de pierres levées, etc.

Feu M. Graves, dans un travail fort complet (1), dit que, dans toute la région qui avoisine Gisors et le canton de Chaumont, les monuments druidiques sont très nom-

____

(1) Graves, *Notice archéologique sur le département de l'Oise,* Beauvais, 1856.

breux. Il donne, pour le seul département de l'Oise, la description d'une quarantaine de monuments celtiques : pierres levées, dolmens, cromlechs, et cite, dans une liste, plus de deux cent trente *lieux dits* dont le nom s'y rapporte, rien que dans ce département. Il a fait les mêmes recherches pour les tumulus, les arbres remarquables et les fontaines, et même pour les endroits où ont été trouvées des médailles ou des ossuaires gaulois. Il est à regretter qu'un pareil travail n'ait pas été fait pour l'arrondissement de Pontoise ; mais, nous l'avons déjà dit, pour tout ce qui touche à l'histoire ou à l'archéologie de ce pays..... néant.

On voit qu'il ne manque pas de monuments ou de traces de monuments druidiques dans le pays. Je suis persuadé qu'il en est de même à peu près partout. On pourra s'en convaincre si l'on veut bien se donner la peine d'examiner les plans du cadastre, et d'interroger les vieillards de chaque commune qui savent mieux que personne ce que sont devenus ces sortes de monuments.

Les communes qui touchent au terroir de Chars sont : Neuilly, Marines, Brignancourt, Moussy, Commeny, le Bellay et Nucourt, département de Seine-et-Oise. Bouconvilliers, la Villetertre, par ses écarts de Bachaumont, Romesnil, Saint-Cyr, département de l'Oise.

Il nous reste maintenant à parler de l'écart de la commune de Chars, c'est-à-dire de Bercagny.

CHAPITRE VII

Bercagny.

§ 1. — Bercagny ancien. — Les Du Mesnil-Jourdain (1138-1693).

Bercagny est un petit hameau composé de trois fermes et de quelques maisons, situé à 3 kilomètres de Chars, et qui en est un écart. Il a composé au moyen âge un fief à part, qui eut ses seigneurs distincts de ceux de Chars jusqu'en 1706, époque où il fut acheté par M. de Rivié, *baron de Chars*. Il touche à la commune de Bouconvilliers.

On trouve dans les anciens titres : *Barqueigny, Barcagny, Burcheniacum.*

Suger nous apprend qu'en 1138 il donna à l'église Saint-Paul, située à Saint-Denys, le quart des dîmes de *Bercagny* (1) (de Barcheniaco).

En 1231, l'abbé de Saint-Martin de Pontoise confirme une donation faite par Ménisende de Pontoise, à l'abbaye de Gomerfontaine (Oise), de deux setiers de blé d'hyver à prendre sur le territoire de *Bercagny* (2).

En 1258, Pierre, fils de Gérard de Vallière, et Pierre de *Barqueigny* ou Bercagny, vend un bois et une terre à Vallière, près le chemin de Gouzangrez, au prieuré de Marines : Robert, dit Tyois, chevalier, et Guillaume de

(1) Suger, *OEuvres complètes*, Paris, Lecoy de la Marche, 1867.
(2) Archives de l'Oise à Beauvais.

Neuilly, de qui ledit Robert tenait en fief la terre vendue, confirment cette vente (1).

En 1405, un aveu est fait, le 6 novembre, par Poly Traignel, écuyer, à l'abbé de Saint-Denys, pour un fief situé à *Bercagny* (2).

L'histoire est muette sur les seigneurs de Bercagny depuis ces temps reculés jusqu'au XVIe siècle. A cette époque (1595), on trouve un certain François *du Mesnil-Jourdain*, père de Gédéon du Mesnil-Jourdain, lequel épousa la fille de Nicolas Cossé, seigneur de *Bercagny* (1625). Il eut pour fils François du Mesnil-Jourdain, qui prit pour femme Mlle de Gombaut (1693), dont il eut dix enfants. Ce fut lui qui, comme nous l'avons vu plus haut, fit vendre la terre de Chars, saisie sur le duc d'Albert de Luynes (1672).

Il avait épousé en premières noces Marie de Carvoisin, dont il eut une fille qui épousa en 1684 Jean de Vion, seigneur de Gaillon et de Huanville, lieutenant des maréchaux de France au bailliage de Meulan, en 1693 (3).

Ce fut la veuve de François du Mesnil-Jourdain qui vendit, en 1706, la seigneurie de *Bercagny* à Pierre de Rivié. Du reste, cette seigneurie était fort partagée, car nous avons vu, en 1662, le duc de Luynes prendre le titre de seigneur de Bercagny, du moins en partie, et agir en conséquence.

La famille du Mesnil-Jourdain portait : *D'argent à la bande de gueules, accompagnée de six coquilles de même, trois en chef et trois en pointe.*

Il ne faut pas confondre cette famille du *Mesnil-Jour-dain*, de laquelle Lachesnaie-Desbois (4) dit qu'il n'en

(1) Archives de l'Oise, à Beauvais.
(2) Id. Id.
(3) Notes de M. Lebastier.
(4) *Dict. de la Noblesse.*

connaît que les armes, avec une autre famille qui portait aussi dans ses titres le nom de cette localité : c'est celle des Le Roux, seigneurs de Tilly, du *Mesnil-Jourdain*, de Cambremont, d'Esneval, etc., dont plusieurs membres ont été conseillers au parlement de Normandie.

Le Mesnil-Jourdain est un village situé à une lieue au sud-ouest de Louviers (1).

§ 2. — L'église, le *factum*, les fermes, les dixmes, etc.

Il y avait à Bercagny une église dédiée sous le vocable de Saint-Christophe, qui était en titre dès 1447, et à la présentation du curé de Chars.

A cette date, Guillaume Lygniée, curé de Chars, y présente en effet Robert Bonsens (2).

Ce curé y présenta encore en 1504 et en 1548 (3). En 1738, cette présentation était passée à l'abbaye Saint-Martin de Pontoise (4). Cette église fut fermée à la Révolution, mais elle ne fut détruite que vers 1820 : elle avait un clocher à toit carré dans le genre de celui du Bellay.

Elle avait, selon un *factum* (5) dont nous allons parler tout à l'heure, une nef de 36 pas de long sur 21 de large, un chœur, deux chapelles collatérales et une sacristie.

C'était, selon ce même *factum*, « une très belle église « au dedans et au dehors, ornée d'un grand clocher; ce « qui ressent plus la paroisse qu'une simple chapelle de

(1) Expilly, *Dict. des Gaules*, Paris, 1762.
(2) Archives de la préfecture de Rouen.
(3) Archives de l'archevêché de Rouen.
(4) Pouillé du diocèse de Rouen, 1738.
(5) Factum aux arch. de la Seine-Inférieure.

« dévotion. On y voit tous les livres nécessaires pour
« l'office divin... On y trouve la représentation qui sert
« à recouvrir les corps des décédés ; on y rend le pain
« bénit tous les dimanches de l'année. On y prêchait au-
« trefois devant la porte de l'église, à cause du grand con-
« cours des peuples qui y venaient de toutes parts, etc. »

Il y avait dans l'église de Bercagny un autel consacré
sous le vocable de Sainte-Anne, dont le sieur Couvry de
Pontoise était titulaire en 1728 (1). Cet autel valait
100 livres de revenus ; celui de la chapelle Saint-Christophe valait aussi 100 livres, plus un logement pour le
vicaire ; ce revenu était assis sur 9 arpents de terre labourable (2).

On trouve aux Archives de la préfecture, à Rouen,
une pièce imprimée, intitulée : « *Factum* servant de
« réponse à griefs pour les manants et habitants du ha-
« meau de *Bercagny*, contre Raphaël Besson, curé de
« Chars. »

C'est une requête signée : Bouvart de Fourqueux, rap-
porteur ; Bornat, avocat ; Visinier, procureur, tendant à
faire nommer un curé à Bercagny.

Cette pièce, datée de 1688, nous donne plusieurs renseignements précieux pour l'histoire de cette localité.
En premier lieu, il y est dit que c'est l'Hôtel-Dieu de
Paris qui est seigneur du lieu. Nous savons en effet qu'il
avait acheté du duc de Luynes, en 1666, une grande
partie de ses terres et droits seigneuriaux. Mais il en
restait cependant encore quelques-uns aux seigneurs de
Chars ; car nous savons aussi qu'en 1706, Pierre de Rivié
les acheta et prit le titre de *seigneur de Bercagny*.

Ensuite on y trouve une liste des curés de Bercagny

(1) Notes de M. Lebastier.
(2) Arch. de Versailles.

depuis un siècle environ (1600 à 1678). Voici cette liste, à laquelle j'ajoute le premier, dont nous avons parlé plus haut :

1447 Robert Bon-Sens.
1600 Maitre Jacque.
— Guillaume.
— Laurent.
— Jean Raubon.

Maître N., noyé dans l'étang de Noisement.
— Nicolas Garson.
— Jean Devise.
— Sévin de Blannecourt
— Foubert, mort en 1678.

On y voit enfin qu'il y avait dans l'église un Missel manuscrit en lettres gothiques, à l'usage de Rouen, avec des actes de baptême sur les marges. Qu'est-il devenu ? Ce que sont devenus tant d'autres après 93.

Enfin, après arrêt, confirmation, appel, rejet d'appel, etc., le curé de Chars fut contraint de nommer un curé. Ce Besson agissait aussi avec un peu trop de sans-gêne ; il touchait les revenus de *Bercagny*, dont il s'était emparé en 1678, après la mort du titulaire, et ne venait y dire la messe que de loin en loin. Il voulait même qu'on lui amenât les morts sur une charrette à Chars, dédaignant de les aller chercher lui-même (1).

Il résulte de diverses pièces manuscrites, conservées aux archives de Versailles, que le fermier de *Bercagny* aurait donné à ce curé un soufflet, un jour de dimanche, à la sortie de la messe. Sur ce, grand scandale ; il paraît que ce curé Besson était ce qu'on appelle vulgairement *un mauvais coucheur ;* car il se disputa aussi avec le chapelain de l'Hôtel-Dieu, et même les choses en vinrent à ce point que, s'étant entendu avec une fille de service, il faisait sonner les cloches à minuit et secouer les ma-

(1) Archives de Versailles.

lades dans leur lit, — disant\,après cela que c'étaient les âmes des anciens fondateurs qui revenaient pour se plaindre du chapelain (1).

Tant de fiel entre-t-il dans l'âme des dévôts !

En 1728, il y avait à *Bercagny* treize feux et trente-neuf habitants.

Les dames de Saint-Cyr étaient dames de *Bercagny* en partie ; elles y possédaient vingt-sept arpents de terre labourable, la moitié des dîmes du terroir et les trois quarts du champart, ce qui était affermé, en tout, 750 francs (2).

L'Hôtel-Dieu de Paris avait aussi un quart dans la seigneurie et un quart dans les champarts. Il possédait, sur le territoire de *Bercagny*, cent-vingt arpents de terre et quatre-vingt-dix arpents à la *Grippière*, lieu dit de la commune de Chars qui est tout auprès. Le tout était affermé 1,600 livres. Ce bien lui avait été vendu, en 1666, par le duc de Luynes, en même temps que la ferme du Bois-Franc.

L'autre moitié des dîmes appartenait, par parties égales, à l'abbé de Saint-Denys et à celui de Saint-Martin de Pontoise.

Les Feuillants de la rue Saint-Honoré, à Paris, possédaient aussi une grande partie du territoire de Bercagny. On sait (3) que cet Ordre, fondé à Toulouse par Jean de La Louvière, en 1577, vint s'établir à Paris en 1587. Peu de temps après (1588), Henri III les réunit à l'abbaye du Val, près Pontoise, riche abbaye qui avait de grandes propriétés, notamment à Bercagny.

(1) Archives de Versailles.
(2) Notes de M. Lebastier.
(3) L'abbé Lebeuf, annoté par M. Cocheris. Paris, 1865.

On trouve encore aux Archives, à Paris, les titres originaux par lesquels, au XIIIᵉ siècle, ces propriétés lui furent données. C'est, en 1225, Agnès de Gisors qui confirme la donation faite par *Robert de Barkenni* ou Bercagny à l'église Sainte-Marie de *Barkenni*, dépendant de l'abbaye du Val.

En 1223, Gillebert Desmoulins confirme une donation faite à cette même abbaye par Robert de *Barchenni*.

En 1240, Johannes de Carcio (Jean de Chars) lui fait donation de tout ce qu'il possède sur le territoire *de Barcheniaco*.

En 1253, *Pierre de Chars*, fils de *Théobald de Chars*, confirme la donation que *Robert Marbue* et sa femme ont faite du bois de *Barqueigni* à cette abbaye et y ajoute, pour son compte, huit livres et dix sols de rente.

L'abbaye du Val avait, en 1790, 132,500 livres de revenus, dont 3,000 en rentes et le reste en terres et maisons. On voit que les Feuillants ne couraient pas risque de manquer. En 1790, ils étaient 36 religieux (1).

Il y avait encore une ferme de soixante arpents de terre labourable, dont il n'y avait que huit arpents sur le terroir de *Bercagny*, le reste était sur Chars. Seulement, comme toutes ces terres étaient à champart, elles n'étaient affermées que 350 livres. Elle appartenait, en 1728, à M. Auvernon, receveur des tailles à Pontoise. Cette ferme avait appartenu à Nicolas de Cossé, seigneur de *Bercagny*, puis, par contrat de mariage, à Gédéon du Mesnil-Jourdain (2).

On trouve, dans la géographie de Dumoulin, que Bercagny est un village de vingt feux (3).

(1) Archives nationales, à Paris.
(2) Notes de M. Lebastier.
(3) Dumoulin, *Géographie de la France.* Paris, 1767.

Maintenant, ce n'est même plus une commune, comme nous l'avons dit, c'est un petit hameau dont les habitants s'adonnent exclusivement à la culture du blé et des céréales.

On trouve, aux Archives nationales à Paris, trois sceaux des sires de Chars du XIII° siècle : ce sont ceux de *Philippe de Chars* (1235), 40 millim.; de *Hugue de Chars* (1244), 50 millim., celui qui portait sur son écusson une bande *frettée de gueules;* et de *Pierre de Chars* (1246), 30 millim. On ne trouve rien sur les sires de Bercagny.

Sceau de Hugues de Chars (1244)

Sceau de Pierre de Chars (1246)

APPENDICE

Je donne ici en note une chanson composée il y a dix ou douze ans par le docteur Peyron père, médecin à Marines, lors de l'inauguration du nouveau bâtiment de la mairie. Bien qu'elle n'ait rien d'historique, elle pourra néanmoins venir à l'appui de ce que j'ai dit du climat du pays. Les vers ne sont pas sans mérite, pour des vers de campagne. Leur auteur est mort (1), et le conseil municipal de la commune lui a fait l'honneur de les transcrire sur le registre de ses délibérations.

AIR : *Mon père était pot.*

I

On m'a demandé vendredi
Des couplets pour dimanche,
Du coup j'en suis tout étourdi
N'ayant rien sur la planche.
Que puis-je chanter
Pour vous contenter

(1) En 1871, après plus de quarante ans d'exercice de sa profession, il a mis au monde une grande partie de la génération actuelle, y compris votre serviteur. J'ai à remercier ici le père et le fils de diverses communications qu'ils m'ont faites pour mon *Histoire de Chars*.

Dans cette circonstance ?
Eh bien, au hasard,
Je vais chanter Chars,
Ce beau pays de France.

II

Chars mérite d'être cité
Pour son beau paysage,
Pour sa franche hospitalité
Et maint autre avantage.
D'un sexe enchanteur
On y voit la fleur
Dans sa magnificence ;
On voit les vieillards
Reverdir à Chars,
Ce beau pays de France.

III

Ce pays célèbre aujourd'hui
Sa fête de famille,
Pourtant le soleil n'a pas lui
Sur son vieux campanile.
Mais sa vieille tour,
Dès le point du jour,
Semble dire en cadence :
Que de toute part
L'on accoure à Chars,
Ce beau pays de France.

IV

Grâce à de généreux bienfaits,
Grâce à monsieur le maire,
On loge dans un vrai palais
L'instruction primaire.
La mairie aussi
Est fort bien ici.

On y boit, l'on y danse,
Et tous les regards
Se tournent vers Chars,
Ce beau pays de France.

V

Ce pays tient avec raison
Sa place dans l'histoire ;
Il mérite mieux qu'un flon-flon
Que l'on chante après boire.
Aux jours féodaux,
Il eut maints châteaux
Sous son obéissance.
Aussi quels égards
L'histoire a pour Chars,
Ce beau pays de France.

VI

Chars fait remonter son blason
Aux temps les plus antiques ;
Il y a maint et maint baron
Dans ses vieilles chroniques.
Témoin ses remparts,
Sur le sol épars,
Qui prouvent, je le pense,
Qu'aux temps des Césars
On connaissait Chars,
Ce beau pays de France.

VII

Quand d'un nouveau chemin de fer
La ligne triomphale
Fera de Dieppe un port de mer
Pour notre capitale ;
Quand ce jour viendra,
Ce que l'on verra,

Oui, j'en ai l'assurance,
Commerce et beaux-arts
Brilleront à Chars,
Ce beau pays de France.

VIII

On a dit que plus d'un savant,
Dans les deux hémisphères
Ont voulu sonder très avant
Le globe et ses mystères ;
Mais les plus vaillants
De ces fiers enfants
De l'austère science,
Cuvier et Brongniart
Ont étudié Chars,
Ce beau pays de France.

IX

Charmant pays, si mal chanté,
Pardonne à ma faiblesse,
J'aime mieux boire à ta santé
En ce jour d'allégresse.
De ces doux instants,
Oui, je veux longtemps.
Garder la souvenance,
Et, dans les brouillards (1),
Crier : Vive Chars,
Ce beau pays de France.

(1) Il paraît, décidément, qu'il ne faisait pas beau temps ce jour-là.

www.ingramcontent.com/pod-product-compliance
Ingram Content Group UK Ltd.
Pitfield, Milton Keynes, MK11 3LW, UK
UKHW020004100726
13658UKWH00002B/792

9 782019 953140